한 권으로 읽는

북유럽

Norse Mythology

신화

반지 이야기

한 권으로 읽는

북유럽
— Norse Mythology —

신화

반지 이야기

글 안인희 | 그림 신균이

RHK
알에이치코리아

머리말
◇◇◇◇◇◇

≫≫ **1** ≪≪

북유럽 신화의 반지 이야기에는 아주 유명한 이야기 두 개가 들어 있다. "절대 반지" 이야기와 "잠자는 숲속의 미녀"인데, 이들의 오리지널 출전이 북유럽 신화다. 이 정도로 유명하고 재미있는 이야기들이 들어 있다면 반지 이야기 자체도 잘 알려져 있겠구나 싶지만, 꼭 그렇지만도 않다. 전체 줄거리는 생각보다 널리 알려지지 않았고, 앞뒤가 뭉툭하게 잘린 채 일부씩만 알려져 있다.

이는 전체 줄거리가 상당히 복잡한 신화적 배경 위에서 펼쳐지고, 또 층위가 여럿인 이야기 줄기들이 제각기 다른 방향으로 뻗어나가기 때문에 생겨나는 일이다. 그런데도 이들은 서로 긴밀하게 연결되어 있는데, 이런 여러 줄기의 이야기들을 정리해서 한 줄기로 다듬은 사람이 바그너이다. 절대 반지 이야기를 다룬 그의 대표작 오페라《니벨룽의 반지》(1876년)는 총 4부작이니, 줄거리가 꽤나 복잡하다는 것을 짐작할 수 있다.

우리 책도 반지 이야기를 하려고 한다. 다만 재미있는 이야기만을 제공하는 것보다는, 출전을 차례로 따라가면서도 일반 독자들이 쉽게 반지 이야기 전체를 하나의 줄거리로 읽어낼 수 있게 하려는 것이 본래 의도다. 이야기 자체는 전혀 어렵지 않고 매우 재미있지만, 그것을 하나로 연결하는 작업은 생각처럼 쉽지가 않았다.

기본 출전문서만 해도 규모가 큰《에다》〈뵐숭가 사가〉《니벨룽의 반지》등 세 개나 되고, 이 세 가지 문헌들이 제각기 뚜렷하게 다르기 때문이다. 게다가 중세 도이치 서사시 〈니벨룽엔의 노래〉도 참조해야 한다.

이들 작품들은 근본적으로 같은, 또는 비슷한 이야기를 각기 다르게 들려준다. 중복되는 부분이나 서로 다른 부분을 처리하기가 똑같이 까다로웠다. 이야기의 흐름이 끊기지 않도록 이들을 적절하게 배치하는 것만 해도 보통 일이 아니고, 출전이 달라지면서 이야기의 결도 달라지는데, 이것을 논리적으로 이어붙이기도 쉽지 않았다. 그런 탓에 책의 구성이 조금 복잡해졌다.

북유럽 신화의 모든 보물이 그렇듯이 "반지"의 원래 주인은 난쟁이다. 반지의 주인은 반지의 힘을 이용해서 쉽사리 금은보화를 모을 힘을 얻는다고 한다. "절대 반지"라는 말은 20세기에 나온 〈반지의 제왕〉에 등장하는 이름이지만, 우리의 줄거리와도 잘 어울리기 때문에 그대로 써도 별 거부감이 안 든다.

여행 도중 곤궁에 빠진 신들이 반지 주인인 난쟁이에게서 보물을 얻으면서 강제로 반지까지 빼앗자, 분개한 난쟁이가 반지에 저주를 걸었다. 그래서 절대 반지는 "저주가 걸린 반지"이기도 하다.

이 반지는 신들의 손을 거쳐서 농부에게로, 이어서 농부의 거인 아들에게로 하는 식으로 계속 그 주인이 바뀐다. 그리고 반지를 손가락에 낀 자는 모조리 죽임을 당해 쓰러진다. 최고신 오딘도 반지를 손가락에 끼었기 때문에 이 저주에서 완전히 자유롭지 못하다. 다만 신의 시간은 인간의 시간과는 달라서 우리 눈에는 훨씬 더 긴 시간을 버티지만, 그의 세계도 종국에는 무너지고 만다. 반지는 용을 죽인 인간 영웅 지구르트의 손을 거쳐 인간계[중간계]로 들어온다. 그러면서 수많은 인간들과 인간종족을 멸망으로 이끈다. 반지 이야기에서 주인공은 당연히 이들 바뀌는 반지주인들이다.

하지만 관점을 조금만 바꾸면 이 이야기는 반지의 이동경로를 들려주는 이야기로도 볼 수 있다. 반지는 라인 강에서 나와 아홉세계 모든 존재까지는 아니라도 여러 존재들의 손길을 거치다가 다시 라인 강으로 돌아간다. 이야기를 이렇게 보면 반지가 주인공이 된다. 그리고 반지의 이동경로는 비록 중간이 아주 매끄럽지는 않아도 반지가 출발한 지점으로 되돌아오는 것이니, 그것 자체가 하나의 원을 이루면서 반지 모양이 된다.

이것은 반지 이야기가 지닌 상당히 재미있는 상징성으로, 순환하는 세계의 원리를 나타낸다.

⇝ 3 ⇜

이렇게 순환하는 반지의 이동경로에 등장하는 가장 유명한 주인공이 용을 죽인 영웅 지구르트다. 그는 용을 죽인 다음 반지를 얻고, 이어서 산 위에서 불꽃성벽에 둘러싸여 잠들어 있는 전신前身 발퀴레 여신 브륀힐데를 깨운다. 이렇게 해서 반지 이야기와 "잠자는 숲속의 미녀"의 오리지널 이야기가 여기서 서로 만난다.

우리는 동화를 통해 이 이야기의 행복한 결말을 알고 있다. 하지만 오리지널 신화에서 그들의 이야기는 깜짝 놀랄 정도로 엉뚱한 방향으로 흘러간다. 운명으로 인해 비극적인 파국을 피할 길이 없는 사랑의 이야기가 되는 것이다. 동화에서 실현되는 소망의 꿈과, 무시무시한 운명에 이끌리는 신화적 비극의 괴리를 이보다 더 잘 보여주는 경우가 달리 없다.

신화에 등장하는 이야기가 현실은 아니지 않으냐고? 그렇다. 동화의 결말이 현실성이 별로 없듯이, 신화의 결말도 현실은 아니다. 동화의 꿈은 너무 단순하고 선량해서 현실성이 없다. 하지만 신화에서는 우리 무의식 속에 깊이 은폐된 금지된 욕망들이 마법의 힘을 통해 그 노골적인 모습을 드러내고, 사회의 온갖 계율과 윤리, 통념 등을 깨뜨리며 극단적인 결말을 향해 내달린다. (그리스 신화를 토대로 한) 고대 그리스의 비극 작품에 등장하는 수많은 인물들을 기억해 보라. 오이디푸스, 메데이아, 엘렉트라, 파이드라 등등.

이런 인물들은 그리스 비극작품에 등장하면서 서양문학의 원류가 되었고, 수많은 심리학자들의 탐구 대상도 되었다. 고전비극에서 이런 온갖 욕망들은 극단적인 형태로 나타나지만, (20세기의) 심리학자들은 이것이 단순히 이야기일 뿐만이 아니라 우리 모두의 무의식에도 감추어진 채 겨우 통제되거나 때로 분출되는 욕망임을 밝혀냈다. 그러니까 신화적 비극이 현실에서 노상 일어나는 일은 아니라도 현실의 개연성을 내포하고 있다는 것이다.

지구르트와 브륀힐데의 운명적인 사랑 이야기는 그리스 비극에 견줄 만한 북유럽 신화의 비극적 소재다. 다만 비극작가들 대신 바그너가 거대한 음악연극Musikdrama 《니벨룽의 반지》의 네 번째 작품 〈신들의 황혼〉에서 이들의 비극적 운명을 다룬다. 우리 책 4부의 내용도 이것이다.

그러니까 "그들은 결혼해서 죽을 때까지 행복하게 살았습니다."라는 동화의 결말부 뒤에 실은 이렇듯 끔찍한 신화적 비극이 감추어져 있는 것이다.

스웨덴의 람순드Ramsund 근처에서 발견된 암각화는 1030년 무렵에 새겨진 것으로 여겨진다. 매우 오래된 이 거대하고 단순한 암각화에는 우리 책에서 다루는 내용들이 등장한다.

❶ 벌거벗은 지구르트가 용의 심장을 굽다가 손가락을 데자 손가락을 입에 넣었고, 덕분에 용의 피를 맛보면서 새들의 말을 알아듣게 된다.

❷ 새들은, 레긴이 지구르트를 죽이려 하니 그를 죽이라고 노래한다.

❸ 머리가 잘린 레긴. 주변에 지구르트의 칼을 만든 대장장이 도구들이 흩어져 있다.

❹ 등에 용의 보물을 짊어지고 있는 말(馬) 그라니

❺ 그보다 이전, 지구르트가 용을 죽이는 장면

❻ 《에다》의 반지 이야기 처음에 등장하는 수달 오트르

이 암각화는 바이킹 시대의 독특한 디자인을 보여준다. 위에는 양끝에 동물의 머리가 달린 두 개의 리본이 특이한 장식을 통해 결합되고, 동시에 아래의 긴 리본―용―과도 왼편에서 연결된다. 아래쪽 리본에는 우리 텍스트와는 상관이 없는 이름들이―아마도 이것을 새긴 사람들과 그들의 사연인 듯―룬[또는 루네] 문자로 새겨져 있다.

이것은 북유럽에서 많이 발견되는 전형적인 룬 문자 돌들과는 달리 거대한 암벽 위에 둥글게 띠 모양으로 새겨진 것인데, 우리의 관심을 끄는 것은 전체적으로 납작하게 눌린 반지 모양을 하면서도 오른쪽이 서로 연결되지 않아 불완전한 반지가 되고 있다는 점이다.

이는 《에다》 텍스트가 전하는 반지 이야기와 매우 비슷한 모습이다. 이 이야기는 처음과 끝이 완전히 둥글게 연결되지는 않는다. 물론 반지는 물에서 놀던 난쟁이에게서 나와 라인 강으로 돌아가기는 하지만, 그 끝이 아주 분명하지가 않다.

그에 비해 바그너의 《니벨룽의 반지》에서 이야기는 아주 분명히 둥글게 마무리된다. 라인 강에서 나온 황금이 반지가 되어 세상을 떠돌다가 마지막에 도로 라인 강으로 돌아가면서 이야기도 끝난다. 이야기는 마지막 부분에서 브레이크가 고장 난 채 내리막길을 달리는 자동차처럼 급속도로 돌진하여 파국을 맞이한다.

5

우리 책은 《에다》 이야기를 기본으로 삼아 전체 이야기를 전달한다. 《에다》의 외전外傳이라 할 수 있는 〈뵐숭가 사가〉도 여기 포함된다. 그런 다음 각각의 챕터 마지막에 바그너의 오페라 줄거리를 참고로 덧붙였다.

그러므로 각각의 챕터는 비슷한 줄거리를 두 번씩 들려주게 된다. 곧 《에다》-버전과 바그너-버전이다. 헷갈리는 것을 피하기 위해 바그너 부분을 구분할 수 있게 해두었다. 재미있는 줄거리만 읽기를 원하는 독자는 바그너 부분을 건너뛰고 읽어도 아무 상관이 없다. 또는 주요 이야기를 먼저 읽은 다음에 바그너

부분만 따로 읽어도 좋다.

바그너의 줄거리를 알아두면 바그너 오페라 작품을 감상하는 데 엄청난 도움이 된다. 어차피 바그너 오페라는 북유럽 신화를 소재로 한 최고의 예술작품이니 알아두어서 손해날 것이 없다.

복잡한 구성을 보이는 이 책의 여러 난제들을 조금이라도 해결하기 위해 그림과 가계도 등 여러 도표들을 넣었다. 삽화가의 작품이 아닌, 화가가 그린 오리지널 창작화를 책에 넣으면서 글과 회화의 만남이라는 독특한 과정을 거쳤는데, 이는 화가와 작가 모두에게 매우 특별한 경험이었다.

우리의 이런 노력이 독자 여러분에게도 전달되어 북유럽 신화의 가장 핵심적인 이야기 하나를 즐겁게 감상하는 기회가 되기를 바라는 마음 간절하다.

2020년 8월
안 인 희

목차

◇◇◇◇◇◇

제2부

지구르트의 조상 이야기
또 하나의 보물, 오딘의 칼

제3부

용을 죽인 영웅 지구르트

제4부

지구르트의 죽음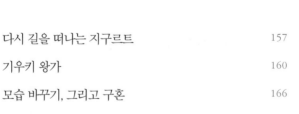

제5부

불의 세계와 물의 세계

출전에 대하여

◇◇◇◇◇◇◇◇◇◇◇◇◇◇◇◇

우리 책의 이야기는 중세 시대에 나온 세 가지 출전문서와 19세기 음악가 바그너의 오페라 대본에서 가져온 것이다. 이 출전들에 대해 조금 상세한 설명을 붙인다.

1. 《에다 Edda》

북유럽 신화의 가장 중요한 출전문서는 두 종류의 《에다》이다. 시詩 형식으로 쓰인 원래의 《에다》는 흔히 《운문 에다》 또는 《옛 에다》라고 불린다. 또 다른 것은 스노리Snorri가 쓴 〈산문 에다〉 또는 〈새 에다〉이다. 이들 두 종류의 《에다》에는 옛날 게르만 사람들이 믿던 종교와 신들의 이야기, 그리고 영웅들의 이야기가 들어 있다. "에다"란 낱말을 두고는 여러 설들이 있다. 이것이 "시詩"를 뜻하는 말이라는 주장도 있고, "조상 할머니"를 뜻한다는 주장도 있으며, 또 다른 설들도 더 있다.

먼저 〈산문 에다〉부터 살펴보자. 아이슬란드의 시인 · 정치가인 스노리(1179~1241)는 옛 시인들이 남긴《운문 에다》의 시편들이 광대한 우주와 신들과 거인들의 흥망성쇠, 그리고 인간 영웅들에 대한 흥미진진한 내용을 담고 있지만, 당대의 젊은이들이 읽고 이해하기가 어려워 아름다운 시의 전통이 끊기거나 사라질까 염려하여 중요한 줄거리를 읽기 쉬운 산문으로 풀어서 다시 썼다.

알쏭달쏭한《운문 에다》의 내용들은 스노리의 안내를 통해 비로소 선명한 윤곽을 얻는다. 또한 〈산문 에다〉에는 그가 사랑하던 전통적인 시의 운율을 설명하고 후세에 전수하려는 교육적인 내용도 다수 담겨 있다.

따라서 스노리의 〈산문 에다〉(13세기)를 읽고 그의 안내를 받아《운문 에다》의 시편들로 들어가는 것이 이해하기가 편하다.《운문 에다》는 대략 800년부터 1300년 무렵까지의 긴 기간에 걸쳐 스칸디나비아 반도와 아이슬란드의 여러 시인들이 남겨 놓은 시편들을 수집해서 정리해 놓은 것이다.《운문 에다》에는 40편 이상의 장시長詩들이 포함된다. 그중 16편까지가 "신들의 노래"이고, 그 이후는 "영웅들의 노래"다.

이 시편들은 작품이 쓰인 시기에 따라 제각기 다른 특성들을 보이지만, 중요한 것은 13세기에 전체적으로 수집되고 정리되었다는 사실이다. 스칸디나비아 반도의 사람들은 물론 아이슬란드도 이미 1000년 무렵에는 거의 모두 기독교로 개종했다. 따라서 13세기에《에다》시편들을 정리하거나 새로 쓴 사람들은 모두가 기독교 신자였다.

그렇기에 이들 기록자들이 이교의 신화를 기독교 색채로 물들였을 가능성을 생각하지 않을 수 없다. 또한 시인들과 기록자들은 그리스 신화에도 상당한 관심과 지식을 가지고 있었으니, 그리스 신화의 영향도 배제할 수가 없다. 그런 탓에 옛날 게르만 사람들이 믿었던 신들에 대한 순수하고 온전한 기록은 오늘날 기대하기 어렵다. 기독교의 특성상 그들의 관습에 대한 기록도 거의 남아 있지 않다.

우리의 반지 이야기는 주로 《운문 에다》의 영웅들의 노래에 근거하는데, 이는 라인 강 지역에서 나온 이야기가 북유럽으로 전파되어 스칸디나비아 또는 아이슬란드 이야기와 한데 섞여서 만들어진 것이다. 또한 비교적 늦게 쓰인 것들이라 오래된 것과, 새것, 이교와 기독교의 특성들이 뒤섞였다.

영웅들의 이야기에 자주 등장하는 수많은 전투 이야기와, 강인한 여성 인물의 복수 이야기들은 375년부터 568년까지 게르만 민족이동 시대에 일어난 역사적 사건들 일부가 입으로 전해지다가 전설로 바뀐 것이다. 이 시기에 게르만 종족들은 훈족 및 로마인들과 서로 뒤얽혀 수많은 전투를 벌였으며, 수많은 작은 종족들이 전멸당하거나 또는 다른 작은 종족을 전멸시켰는데, 이런 전쟁의 이야기 일부가 《에다》에도 스며들었다.

우리의 관심을 끄는 부분은 친정오빠를 위해 남편에게 복수하는 이야기[지그니 이야기]가 더 먼저 나타나고, 남편을 위해 오빠에게 복수하는 이야기[뒷날의 구드룬 이야기]가 나중에 나타난다는 점이다. 낯선 종족과 혼인한 게르만 종족 출신의 여자가 친정과 남편 중 어느 편을 드느냐에 따라

이야기가 나뉘는 것인데, 이는 이야기와 역사의 발전과정에서 흥미로운 지점이다.

2. 〈뵐숭가 사가 Völsunga Saga〉 또는 〈뵐중 전설〉

《운문 에다》의 판본 중에서 오늘날 전해지는 가장 오래된 것은 스노리 시대(13세기)에 그때까지의 시편들을 수집해서 정리해 놓은 "코덱스 레기우스Codex Regius"이다. 이중에 제1편 〈뵐루스파Völuspa〉가 신들의 이야기 전체를 정리해 놓은 것으로서 가장 중요하고 또 유명하다. 이 노래에는 게르만 종교와 신들의 원래 모습이 그나마 상대적으로 잘 보존되어 있다.

"코덱스 레기우스"에는 영웅전설에서 가장 핵심 인물인 지구르트를 다룬 부분에서 여덟 페이지가 사라지고 없다. 학자들은 이를 가리켜 "코덱스 레기우스의 커다란 빈틈"이라 부른다.

13세기 중반에 활동한 이름이 알려지지 않은 작가가 남긴 〈뵐숭가 사가〉[이하 〈뵐중 전설〉]에는 그 빈틈이 메워져 있다. 이 작품은 《에다》와 같은 이야기를 전하지만 내용에 일부 차이가 있다. 또한 더 옛날에 나온 시편인 《에다》와는 달리 역사적인 사실을 전하는 것처럼 서술된다. 그래서 등장인물이 거의 왕가의 인물들로 바뀌었다. 이것은 단순히 이 작가의 변덕만은 아니다.

스노리도 〈산문 에다〉의 서문에서 북유럽의 신들에 대해 매우 기묘한 설명을 한다. 북유럽 신들이 실은 저 트로이 전쟁(기원전 12세기)에서 패배한 프리아모스 왕의 후손 왕들이라는 것이다. 그들은 그리스 군대에 패배한 다음, 소아시아 반도를 떠나 오늘날의 독일 북부와 스칸디나비아 반도로 왔으며, 그때 자기들만의 신앙체계도 함께 가져왔다고 한다. 이들이 스칸디나비아 반도로 오는 도중에 그들이 지닌 매우 뛰어난 언어와 문화에 매료된 북유럽 원주민들은 그들을 신으로 섬겼고, 신들의 지도자인 오딘이 자기 아들들을 여러 게르만 지역의 통치자로 임명했다고 한다. 마지막에 오딘은 스웨덴에 정착했으며, 마찬가지로 노르웨이의 왕들도 그의 후손이란다. 작센 지역에 정착한 오딘의 셋째 아들의 이름이 지기Sigi이고, 지기의 후손이 〈뵐중 전설〉에 등장하는 뵐중이다.

독실한 기독교 신자였던 스노리는 먼저 성서의 천지창조 이야기가 자신의 신앙임을 공공연히 고백하고, 게르만 신들을 강력한 왕족의 후손으로 변형시켜버렸다. 그러니까 게르만 이교異敎의 신들은 실은 신이 아니라 문화가 뛰어난 소아시아 지역 왕가 출신의 왕손이라는 것이다. 덕분에 신들의 이야기가 은근 슬쩍 역사의 이야기처럼 바뀌었다.

이런 스노리의 노선을 같은 시대에 활동한 〈뵐중 전설〉의 작가도 그대로 이어받는다. 그는 이 이야기를 철저히 역사의 이야기처럼 서술한다. 《운문 에다》에서 이미 신화 서술과 역사 서술이 뒤섞이면서 이야기에 여러 모순들이 나타나는데, 〈뵐중 전설〉에서도 전체 이야기가 역사의 이야기가 되면서, 피하기 힘든 몇 가지 모순과 충돌들이 이야기에 등장하고 있다.

3. 중세 도이치 서사시 〈니벨룽겐의 노래Das Niebelungenlied〉

이 또한 13세기에 중세 도이치말로 쓰인 대규모 영웅 서사시인데, 우리 이야기에 등장하는 많은 인물이 이 작품에 등장하며, 큰 줄거리는 《에다》 이야기와 매우 비슷하다. 역시 게르만 민족이동 시대의 게르만 영웅들과 여인들의 이야기가 주축이다. 바그너는 이 작품에서 주요 등장인물의 이름을 가져왔다. 《에다》 이야기와 비슷한 이야기를 조금 다른 관점에서 다루고 있으며, 전체 이야기가 역사적 사건처럼 서술된다. 우리 책에서는 일부만 참고했다.

4. 바그너의 4부작 오페라 《니벨룽의 반지Der Ring des Niebelungen》

독일의 음악가 리하르트 바그너(Richard Wagner, 1813~1883)가 쓴 4부작 오페라의 대본 《니벨룽의 반지》는 우리 책에서 그 줄거리를 소개하고 있으며, 책의 5부에서는 이 작품의 전체 개요와 주제를 탐색한다. 바그너는 위의 세 작품을 주요 출전으로 삼아 자기만의 반지 이야기로 완성했다. 바그너의 반지 이야기는 출전문서의 반지 이야기와는 조금 차이가 있다. 그 차이를 우리는 살펴볼 것이다.

작품의 구성은 다음과 같다. 제1부 (전야제) 〈라인의 황금Rheingold〉, 제2부 (축제극 첫날) 〈발퀴레Walküre〉, 제3부 (축제극 둘째 날) 〈지그프리트Siegfried〉, 제4부 (축제극 셋째 날) 〈신들의 황혼Götterdämmerung〉.

이 작품은 풍월당 오페라 총서에서, 독어-한국어를 나란히 배치한 4권짜리 대역판본이 필자 번역으로 나와 있다.

제1부

저주받은
반지

신들은 이렇게 아직도 세계를 이리저리 돌아다니며 부족한 부분을 채우고 있었다. 언젠가 창조주 오딘 신은 동생 회니르, 불의 신 로키와 함께 다시 여행을 떠났다.

황금열망 굴바이크

신들이 난쟁이와 인간을 창조하고 얼마 지나지 않은 태고 시절이었다. 신들은 한 여인이 아스가르드로 들어오는 것을 보았다. 그녀의 이름은 굴바이크Gullweig, 또는 굴베이그Gullveig라 했는데, 이는 "황금–술" 또는 "황금열망"이라는 뜻이다. 신화에서 일반명사, 특히 추상명사가 신이나 사람으로 바뀌는 경우는 꽤 흔하다. 이것 또한 그런 경우로, 굴바이크는 황금열망을 불러일으키는 마음이 의인화한 존재였다.

창조주 오딘은 자신이 창조한 세계의 질서에 황금열망이 많은 문제를 일으킬 것을 알아차렸다. 신들은 창으로 찔러서 이 여인을 붙잡았다. 하지만 창에 그렇게 찔리고도 여인은 죽지 않았다. 신들은 그녀를 산 채로 불에 집어넣고 태웠다. 하지만 그녀

창조주 오딘은 자신이 창조한 세계의 질서에 황금열망이 많은 문제를 일으킬 것을 예상했다.

는 불에 타지 않고 멀쩡한 모습으로 불에서 걸어 나왔다. 그래서 신들은 다시 그녀를 불에 집어넣었지만 그녀는 여전히 살아 있었다. 세 번째로 불에 태워 죽이려 해보았으나 세 번째도 도로 살아났다.

오딘은 어떤 수단을 동원해도 이 여인을 죽일 수 없다는 사실을 알아차렸다. 그녀는 도로 풀려나 아스가르드를 떠났다. 하지만 굴바이크가 아스가르드를 떠날 때쯤 이미 신들의 내면에도 황금열망이 스며들었다.

아스가르드를 떠난 굴바이크는 아홉세계 모든 곳을 돌아다니며 천천히 모든 존재의 마음을 황금열망으로 물들였다. 신도, 거인도, 난쟁이도, 인간도.

《운문 에다》제1편은 이것이 "세계 최초의 싸움"이었다고 말한다. 그러니까 신들이 벌인 최초의 싸움은 황금열망을 죽이려는 싸움이었으나, 신들은 이 싸움에서 이기지 못했다. 굴바이크는 세 번이나 불에 들어갔다가 세 번이나 새로 태어난 여인으로 아직도 살아 있다고 한다.[1]

후세의 많은 학자들은 이 굴바이크가 프라야 여신의 다른 이름이었다고 본다. 그리고 프라야 여신을 이렇게 구박한 일이 아제 신들과 바네 신들 사이에 벌어진 전쟁의 원인이었다고 보는 이들도 있다. 프라야는 원래 바네 출신이었기 때문이다.

---

1 〈뵐루스파〉《운문 에다》제1편)에서 그녀의 정체는 여기 나오는 설명보다 더 복잡하다.

신들의 여행

오단과 형제들이 태초거인 이미르의 몸으로 세상을 만들고 아직 시간이 얼마 지나지 않았을 때였다. 신들은 서로 상의해서 난쟁이들을 만들고 그들의 서열도 정했다. 난쟁이는 인간과 비슷한 형태를 하고 있지만 흙에서 나온 존재다. 두린, 간달프, 레긴 등 수많은 난쟁이들의 이름이 《운문韻文 에다》의 제1편 〈뵐루스파〉[2]에 등장한다.

이어서 창조주 오단은 두 동생 회니르, 로두르와 함께 다시금 세상을 두루 돌아다녔다. 그러다 그들은 바닷가에 생각도 운

2 〈뵐루스파〉는 운문으로 된 《에다Edda》 시편 전체에서 제1편을 가리키는 말로, "여예언자의 말씀" 또는 "여예언자의 예언"이라는 뜻을 담고 있다. 《운문 에다》의 가장 유명한 시편으로, 여기서 여예언자는 창조와 종말 전체를 아우르는 거대한 이야기를 신들에게 들려준다.

명도 없이 서 있던 두 그루의 나무를 보았다. 아스크르(물푸레나무)와 엠블라(느릅나무)였다. 오딘 신이 먼저 이 두 그루 나무에 영혼을 주었다. 회니르는 생각을 넣어주고, 피와 신체의 좋은 색깔을 로두르가 만들어 주었다. 신들은 이렇게 최초의 남자와 여자를 만들었다. 인간은 나무로 만들어진 존재다.

인간이 된 나무들 말고 또 나무 그대로 남아 있는 수많은 다른 나무들 말고도, 당시 세상에는 또 한 그루 특별한 물푸레나무가 있었다. 이그드라실이라는 이름의 거대한 나무였다. 이 나무

우주가 결국은
한 그루 나무이다.

의 뿌리는 세 군데 세계의 샘으로 연결되고, 나무의 줄기와 가지들은 멀리 뻗어나가 아홉세계 모두와 닿아 있다. 이 거대한 나무는 모든 생명체를 포함하는 북유럽 세계의 우주를 나타낸다. 우주가 결국은 한 그루 나무이니, 참으로 시적인 표상이 아닌가? 우리는 인간이 된 작은 나무를 소우주Mikrokosmos, 이그드라실 나무를 대우주Makrokosmos라고 부를 수 있다.

신들은 이렇게 아직도 세계를 이리저리 돌아다니며 부족한 부분을 채우고 있었다. 언젠가 창조주 오딘 신은 동생 회니르, 불의 신 로키와 함께 다시 여행을 떠났다.

들어가기 전에 잠깐 로키 신 이야기를 해보자. 로키는 널리 알려진 것처럼 오딘의 아들이 아니고, 당연히 토르의 동생도 아니다. 불의 신 로키의 아버지는 거인 파르바우티Farbauti, 어머니는 아스가르드의 여신 라우페이Laufey다. 그러므로 로키는 온전히 아스가르드에 속하지는 않는다. 하지만 부록에 설명되어 있듯이 오딘과 동생들도 아버지[태초남자의 아들]와 거인여자 사이에서 태어난 존재들이니 딱히 로키의 출생이 문제될 것은 없다.

다만 많은 아제 신들은 그를 "아제들을 비방하는 자", "간계를 만들어 내는 자", "모든 신과 인간의 수치" 등의 이름으로 불렀다. 스노리는 로키가 아름다운 외모에 나쁜 성격을 지녔고, 예측할 수 없이 행동한다고 서술한다. 누구보다 교활하고 모든 일에서 남을 속인단다. 신들에게 끊임없이 어려움을 만들어 내고는 자주 간계로 그 어려움을 다시 해결하는 신이다.

불의 신 로키는 불이 가진 재앙과 쓸모의 양면을 다 지녔다. 아내 지긴과의 사이에 두 아들을 두었지만, 두려운 거인여자 앙그르보다가 로키와 상관하여 괴물 자식 셋을 낳았다. 첫째가 늑대 펜리르, 둘째가 거대한 뱀 요르문간드르, 셋째가 명부를 다스리는 헬 여신이다.

이들 로키의 자녀인 괴물 삼남매는 신들과 거인들 사이에 벌어지는 최후의 전쟁인 라그나뢰크에서 중요한 역할을 하는 괴물 거인들이다. 첫째 펜리르는 최후의 전쟁에서 오딘을 죽이고, 자신은 오딘의 아들 비다르 손에 죽는다. 둘째 요르문간드르는 천둥신 토르의 상대역으로 서로 죽이고 죽는다. 셋째 헬도 거인들 편에서 싸운다. 라그나뢰크에서 로키와 서로 죽이고 죽는 상대역은 아스가르드의 파수꾼 하임달 신. 다만 이것은 아직은 먼 훗날의 일이다.

불의 신 로키는 신들의 세계에서 끊임없이 말썽을 만들어 내고 또 그것을 해결하면서 아스가르드에 신나는 재미를 부여하

지만, 그는 결국 라그나뢰크의 신, 곧 파괴주이다.

　창조주 오딘이 아직 세상의 질서를 만들고 있을 때 벌써 파괴주 로키도 자주 신들의 모험 길에 함께 나서곤 했다. 창조주 옆에 나란히 선 저 당당하고 교활한 파괴주를 보라. 오딘이 만든 세계는 이렇듯 아직 창조의 순간에 이미 파괴주를 대동하고 있으니, 저 시인 릴케Rilke가 노래하듯이, 아기를 수태한 여자의 뱃속에 아기와 죽음 둘이 함께 들어 있다는 말을 연상시키는 모습이다. 이루 말할 수 없이 야만적 속성을 지닌 북유럽 신들의 세계는 다른 한편으로는 인간의 슬픔을, 곧 죽음과 소멸의 아픔을 지닌 세계이다.

　어쨌든 오딘과 회니르, 로키는 함께 여행을 나섰다. 여행자 오딘은 언제나처럼 애꾸눈을 가릴 챙 넓은 모자를 쓰고 망토를 두르고 긴 지팡이를 손에 들었다. 오딘의 창은 그의 여행길에서는 지팡이가 되곤 한다.

　그들이 커다란 폭포 곁을 지나는데, 폭포가 흘러내려 연못을 이룬 곳에서 큼직한 수달 한 마리가 연어를 잡아서 막 먹으려는 참이었다. 로키가 냉큼 돌 하나를 집어 들고 수달의 머리를 잘 겨냥해서 힘껏 던졌다. 명중! 돌 하나로 먹을 게 둘이나 생겼네.

밥 좀 먹으려다 돌연사당한 수달이야 억울하겠지만—그야 연어도 마찬가지—로키는 기뻐하며 한 손에 수달, 한 손에 연어를 들었다. 저녁거리를 챙긴 신들은 계속 길을 갔다.

세계공간은 아직 크고 산악지역은 거칠고 대부분의 산이나 바다가 꽁꽁 얼음에 덮인 채 인적이 드물던 시절이었다. 이 태고 시절에는 아직 인간과는 다른 특별한 존재들이 살았다. 우리 눈에 이상하고 마법적으로 보이는 존재들이었다.

농부의 아들 삼형제
- 수달과 거인과 난쟁이

저녁 무렵 신들은 어느 농가에 당도했다. 이것 참 잘 되었다. 농가의 헛간이라도 동굴 속보다는 잠들기가 낫지. 신들은 때마침 밖으로 나온 주인 농부에게 이렇게 말했다.

"안녕하시오? 길 가는 나그네에게 하룻밤 잠잘 곳을 허락해주시오. 먹을 건 있으니 헛간에서 잠만 자게 해주시면 되오."

로키가 양손에 나누어 들고 있던 수달과 연어를 농가 마당에 털썩 내려놓았다. 그것을 본 농부는 얼굴이 하얗게 질리도록 화를 내며 큰소리로 아들 둘을 불러냈다. 불려나온 아들 둘도 마당을 둘러보더니 화를 내며 셋이서 힘을 합쳐 다짜고짜 신들을 밧줄로 묶어버렸다. 영문을 모르는 신들은 어리둥절했다.

이렇게 쉽사리 묶이다니 신으로서의 체통이 참으로 말이 아니다. 하지만 신들은 거인의 후손이고, 신과 거인 사이의 갈등과 싸움이 끝까지 계속되는 북유럽 신화세계에서 신들은 우리 생각처럼 그렇게 절대적인 힘을 지닌 존재가 아니다. 신들도 우주를 지배하는 질서와 운명에 따르지 않을 수가 없다. 무언가 심각한 위반을 저질렀기에 이런 일이 벌어진 것이다.

로키가 물었다.

"아니, 하룻밤 잠자리를 청한 나그네에게 이게 무슨 짓이오?"

"내 아들을 죽여서 가져온 놈들에게 잠자리는 무슨 잠자리!"

"무슨 말인지 모르겠소. 대체 아들이 어디 있다고."

"니들이 죽인 저 수달이 내 아들이다."

"뭐요, 수달이?"

아뿔싸! 그러고 보니 농부의 다른 두 아들도 이상하긴 마찬가지였다. 하나는 몸이 거대한 거인인데 다른 하나는 난쟁이가 아닌가? 그러니까 이 특별한 농부 흐라이트마르Hreidmarr에게는 아들 삼형제가 있었던 것이다. 그들의 이름은 오터Otter 또는 오트르Otr, 파프너Fafner 또는 파프니르Fafnir, 레긴Regin 등이었다.

맨 먼저 나오는 오트르는 "수달"이라는 뜻을 가진 명사다. 신화에서 일반명사는 곧잘 별다른 의미 변화 없이 신이나 신적 존

• 가계도 •

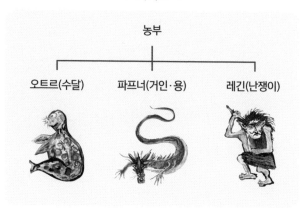

농부

오트르(수달)   파프너(거인·용)   레긴(난쟁이)

재의 이름으로 쓰인다. 여기서도 수달이라는 이름을 가진 오트르
는 자주 수달이 되어 폭포에서 놀곤 했다. 농부의 아들 수달을 못
알아보고 로키가 죽인 다음 하필 농부의 집으로 가져온 것이다.
둘째 파프너는 거인이다. 그리고 셋째 레긴은 덩치가 난쟁이 같았
다. 그리고 난쟁이처럼 대장장이 솜씨도 뛰어났다.

　고대의 많은 지역에서는 친족 누군가가 죽임을 당하면, 흔히
피해자의 일가친척에게 자동으로 그 죽음에 복수할 권리가 인
정되었다. 그러니까 직접 가해자나 또는 가해자의 친족 누군가
를 죽일 권리가 인정되었다. 하지만 만일 이쪽에서 그 권리를 행
사해 상대방 하나를 죽인다면, 그쪽도 다시 복수의 권리를 갖게

된다. 이런 일을 그대로 방치했다가는 두 친족집단이 서로 죽이고 죽는 일을 끝없이 반복할 것이다.[3]

그래서 생겨난 것이 살인 배상금wergild 또는 몸값 지불 제도였다. 이것은 친족을 잃은 가족을 위로하기 위한 것이 아니라 이 돈으로 두 친척집단이 한데 모여 먹고 마시며 화해하고, 그로써 죽은 자를 위한 복수의 권리를 중단시킨다는 합의를 끌어내기 위한 제도였다. 그게 늘 효력을 냈는지는 의문이지만 원래 의도는 그랬다.

여기서 신들은 영문도 잘 모른 채 농부 가족에게 다짜고짜 꽁꽁 묶였는데, 상대의 사연을 듣고 본즉 그럴 만도 했다. 아무리 변장하고 세상 구경을 다닌다지만 그래도 신들의 위신이 잔뜩 구겨졌다. 하지만 묶인 것은 이미 묶인 것, 다만 죽은 자가 살아 돌아올 길은 없었다.

신들은 농부에게 그가 요구하는 몸값을 지불할 테니 제발 풀어달라고 사정했다. 죽은 아들을 되살릴 길이 없는 농부도 별 도리가 없었으니, 신들에게서 약속을 지킨다는 맹세를 받고 나서 자신의 요구를 내놓았다. 우선 수달의 가죽을 벗겨서 그 가죽 속

---

3 〈로미오와 줄리엣〉에서 두 주인공은 친족의 죽음에 대한 끝없는 복수로 인해 서로 원수가 되어버린 두 집안 출신이다.

을 붉은 금으로 가득 채우고, 그렇게 일어선 수달의 가죽 주변도 다시 금은보화로 완전히 둘러싸라는 것이 조건이었다.

약속은 성립되었다. 그렇다면 대체 이 많은 금은보화를 어디서 구하나? 이런 난감한 상황에서는 언제나 로키가 나서게 마련이니, 오딘 신은 로키를 검은 난쟁이들이 사는 세계로 보냈다. 스바르트알프하임이라 불리는 세계다. 흙으로 만들어진 검은 난쟁이들은 땅속 깊숙이 파묻힌 광물과 귀금속을 잘 알고 찾아낼 수 있었기에, 그것을 가공해 쓸모 있는 무기나 아름다운 장신구로 만드는 대장장이들이었다. 그들이 일할 때 꼭 필요한 것이 불이니, 그들은 불의 신 로키의 말을 잘 듣는다. 로키 또한 난쟁이들의 사정을 잘 알았다.

로키는 난쟁이들 중에 가장 부자인 안드바리를 찾아갈 셈이었다. 안드바리는 물속에 사는 커다란 강꼬치고기Hecht로 변신하여 먹을 것을 구하곤 했다. 그 옛날 어떤 노른 여신[운명의 여신]이 그가 물속에 머물러야 한다고 정했기 때문이다. 사나운 강꼬치고기를 잡으려면 맨손으로는 어렵고 튼튼한 그물이 필요하다. 로키는 먼저 란 여신을 찾아갔다. 란은 바다거인 에기르의 아내로서, 커다란 그물로 이따금 뱃사람들을 잡거나, 때로는 배를 통째로 잡아서 물속으로 데려가곤 했다. 북유럽 사람들은 항해하다 죽은 사람들은 란 여신의 세계로 간다고 믿었으니 란의 왕국은 뱃사람들의 저승이었다.

로키는 란에게 찾아가서 여신의 그물을 빌려 들고서 안드바리의 영역으로 갔다. 안드바리는 폭포수 강물에 살았다. 로키가 강꼬치고기 바로 앞에 그물을 던지자 물고기가 스스로 헤엄쳐서 그물 안으로 쑥 들어왔다. 로키는 그물 안의 물고기를 쉽사리 손으로 잡아서 묶었다. 그러고는 본모습으로 돌아온 난쟁이에게 이렇게 말했다.

"내 너를 잡았으니 너는 풀려나려면 몸값을 내라. 네가 바위굴 안에 많은 보물을 모아놓은 것을 내가 알거든. 네가 가진 보물을 모조리 내놓아라."

"아니, 로키님, 보물엔 욕심도 없으신 분이 그 많은 보물이 무엇에 필요하답니까?"

"나야 보물을 몸에 지니고 다닐 마음이 없지. 하지만 지금 신들이 위기에 빠졌거든. 그래서 당장 많은 보물이 필요하단 말이다."

"그렇다면 드리지요."

안드바리가 선선히 대답하고는 로키와 함께 바위굴 속으로 들어갔다. 거기서 저 가진 보물을 모조리 꺼내 왔는데, 과연 엄청난 양의 금은보화였다. 신과 난쟁이는 로키가 들고 갈 수 있도록 열심히 보물을 커다란 자루에 담기 시작했다. 그러다가 난쟁이가 금반지 한 개를 슬쩍 감추는 것을 머리 빠르고 눈길 빠른 로키가 못 보고 놓칠 리 없다.

"그것도 내놓아라!"

"로키님, 이것만은 남겨 주십쇼. 이게 있으면 전 금을 금방 새로 모을 수 있으니까요."

"우리 처지가 급하니 네게 작은 금쪼가리 하나 남겨 줄 수가 없네. 당장 이리 내라."

난쟁이가 내놓지 않으려 하자 로키가 달려들어 강제로 난쟁이 손에서 황금반지를 빼앗아 자루 속에 집어넣었다. 물속에서 평화롭게 잘 놀다가 난데없이 로키에게 잡혀서 가진 보물 다 뺏기고, 반지 한 개도 남겨 받지 못한 난쟁이는 속으로 눌렀던 화가 모조리 치솟아서 저주의 말을 외쳤다.

"그 반지를 가진 놈이 누구든 그놈 목숨이나 빼앗아라."

"나야 뭐 상관없어. 하지만 네 소원대로 되는 게 좋겠는데. 누가 되었든 이걸 갖는 놈에게 너의 말을 꼭 전해 주마."

로키는 보물을 모조리 꾸려서 농부의 집으로 서둘러 돌아왔다. 로키는 우선 오딘에게 자기가 가져온 보물 자루를 보여주었다. 오딘이 자루 속을 들여다보는데, 저 난쟁이의 저주가 담긴 반지가 유독 아름답게 눈에 들어온다. 오딘은 얼른 그 반지를 꺼내 손가락에 끼고는 나머지 보물을 농부에게 넘겼다. 신들과 농부 가족은 힘을 합쳐 농부의 몸값 조건 충족시키기를 시작했다.

농부와 아들들은 수달의 가죽 안에 보물을 차곡차곡 넣었다. 대개는 붉은 황금과 그것으로 만들어진 장신구들이었다. 가죽이 가득 찼다. 속이 보물로 팽팽하게 채워진 수달 가죽은 살아 있을 때처럼 네 발로 섰다. 이번에는 그 가죽 주변에 보물을 쌓아올리기 시작했다. 신들과 농부 일가는 꼼꼼하게 일했다. 엄청난 양의 보물이 수달 가죽을 완전히 둘러쌌다.

농부가 마지막 점검을 위해 보물 주변을 한 바퀴 돌며 꼼꼼히 살펴보는데, 저런, 저기 수달의 수염털 하나가 비죽이 나와 있네.

"여기 수염터럭 하나가 나와 있으니 이것도 가려주시오. 그러면 몸값 지불이 끝난 것으로 치고 가셔도 좋소."

오딘은 손가락에 끼었던 반지를 뽑아 수달의 수염을 지그시 눌러 반지와 함께 보물더미 속으로 밀어넣었다. 오딘이 농부에게 말했다.

"수달의 몸값 지불은 이제 끝난 거지?"

오딘이 지팡이-창을 집어 들고 로키가 벗었던 신발을 도로 신고 길을 떠날 때, 로키가 고개를 돌려 뒤쪽으로 농부에게 한 마디 던진다.

"보물의 원래 주인이 이렇게 말했다네. 그 반지를 지닌 놈이 누구든 그놈 목숨이나 빼앗아 가라고 말이지."

그 말에 농부가 대꾸했다.

"그 저주를 내가 미리 알았던들 너희들은 목숨을 잃었을 거다."

신들은 서둘러 농부의 집을 떠나고 반지와 보물은 그곳에 남았다. 반지를 지닌 자의 목숨이나 빼앗으라는 안드바리의 저주는 재빨리 또는 천천히 실현되기 시작했다. 그 뒤로 사람들은 이 특별한 보물을 "수달의 몸값" 또는 "아제들의 비상금"이라고 불렀다.

보물을 지키는 용,
변신 이야기

부자 난쟁이 안드바리["조심스러운 자"]의 손에서 로키가 강탈
해 온 반지는 먼저 오딘 신의 손에 들어갔다가 농부의 손으로
넘어갔다. 이상하게도 반지는 모든 이의 눈길을 끄는 힘을 가졌
으니, 농부도 반지를 손가락에 끼었으리라고 짐작할 수 있다. 여
기서 보듯이 그 반지의 원주인은 안드바리, 또는 바그너의 작
품에서는 알베리히다. 그러니까 이 반지의 임자는 원래 난쟁이
였다.

신들이 떠난 다음 농부는 보물을 모조리 끌고 방으로 들어가
그것을 쓰다듬었다. 농부의 남은 두 아들은 모든 일을 목격했다.
그들은 아버지가 자기들에게도 몸값을 나누어 주겠거니 기대하

46

고 아버지에게 물었다.

"아버지, 형제 잃은 저희에게도 보물을 좀 나누어 주실 거죠?"

그 많은 보물을 차지했으니 아들들에게 조금 나누어 주겠다고 약속할 법도 했으나, 아버지의 대답은 쌀쌀맞기가 그지없었다. 마치 아버지의 뜻이라기보다는 마음속에서 자동으로 울려 나오는 것처럼 대답이 나왔다.

"안 된다, 나누어 줄 수 없다. 너희는 물러가 있어라."

두 아들은 억울한 생각이 들었다. 하지만 물론 보물에 대한 욕심이 억울함보다 더 컸다. 두 아들은 그 밤으로 모의를 했다. 혼자 보물을 모조리 차지하겠다는 아버지를 죽이고 자기들이 보물을 갖기로 한 것이다. 아, 황금열망의 힘은 참으로 막강한 것이었으니….

두 아들은 잠든 아버지를 손쉽게 죽였고, 채 하루가 가기도 전에 벌써 보물의 주인이 여러 번이나 바뀌었다. 이제는 아버지를 죽인 두 형제가 보물의 주인이 되었고, 그들 사이에 다시 담판이 벌어졌다. 몸집 작은 난쟁이 동생 레긴이 불안한 마음으로 조심스럽게 거인 형에게 물었다.

"형은 내게 보물을 좀 나누어 줄 거지?"

공포투구 Aegishjalmr

파프너는 용으로 변신해 아버지가 가지고 있던 공포투구를 미간에 쓰고 보물을 지킨다. 투구는 보는 이에게 극심한 공포를 불러일으킨다. 이런 공포 효과는 아마도 그리스 신화에서 유래했을 것으로 여겨진다. 제우스 신의 방패인 아이기스 Aigis가 보는 이에게 그런 공포 효과를 일으켰다고 한다.

아이슬란드의 마법서인 〈갈드라복 Galdrabok〉에는 공포투구에 대한 비교적 상세한 서술과 형태가 등장한다. 다만 이 형태는 시대에 따라 많은 변이를 겪었다. 원래는 적에게 공포를 불러일으키는 마법의 힘을 지닌 일종의 공 모양이었을 것으로 여겨진다.
하지만 시간이 흐르면서 룬 문자 자모에서 형태(ᛣ, ᛧ)를 얻고, 온갖 변이형태를 거쳐서 1600년 무렵에 나온 〈갈드라복〉의 41번째 주문에는 기둥 네 개짜리 공포투구가 등장했다. 시간이 흐르면서 이것은 위의 문헌에서 보듯이 기둥 여덟 개짜리로, 우리 눈에 주역 8괘의 형태를 연상시키는 모습이 되었다.

※참조 http://norse-mythology.org/symbols/helm-of-awe/

48

그러자 파프너는 아버지 소유이던 칼 흐로티를 집어들고, 또한 아버지의 투구를 집어서 이마에 썼다. 이 투구는 "공포투구"라 불리는 것이었으니, 살아있는 존재는 모두 그것을 보면 거대한 공포감에 사로잡혔다. 간이 콩알만 해진 레긴은 잽싸게 도망쳤다.

동생은 도망치고 아버지의 시신과 보물 곁에 혼자 남은 거인 파프너는 짐을 꾸렸다. 보물을 모조리 싸서 짊어지고는 다음 날로 멀리 떨어진─오늘날의 서부 독일에 있었다는, 따라서 라인 강에서 멀지 않은─그니타 황야로 갔다. 파프너는 그곳 동굴 속에 몸을 숨기고 용으로 변신하고서 보물을 지켰다. 우리는 여기서 보물을 지키는 용의 출신을 알게 된다. 원래 파프너라는 이름으로 농부 흐라이트마르의 아들이었다. 그리고 그에게는 레긴이라는 난쟁이 동생이 있었다.

《에다》에 등장하는 용의 모습은 우리가 아는 용과는 차이가 있다. 여기서 파프너는 하늘을 나는 모습을 보이지 않고 주로 땅에 붙은 채로 입에서 독기 품은 불길을 뿜어내는 커다란 뱀과 비슷하다. 서양의 용은 상서로운 기운을 갖지 않고, 흔히 무질서를 상징한다. 게다가 파프너는 아버지의 보물에서 나온 공포투구를 썼다. 그렇지 않아도 독기와 불을 뿜는 용은 누구에게나 두

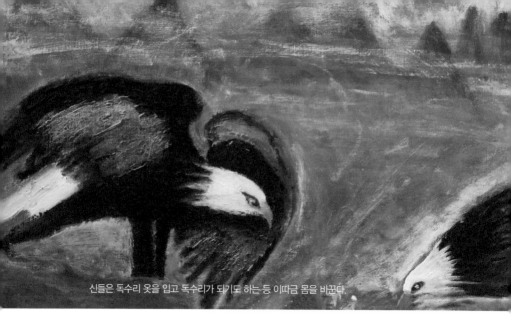
신들은 독수리 옷을 입고 독수리가 되기도 하는 등 이따금 몸을 바꾼다.

려움을 불러일으키는데, 파프너는 미간에 공포투구까지 썼으니, 그 앞에 서면 누구든 엄청난 두려움을 느끼지 않을 수 없었다.

파프너-용은 동굴 속에서 보물 위에 엎드려 잠을 자다가 이따금 밖으로 기어 나와 강물로 가서 물을 마시고는 도로 동굴로 돌아오곤 했다. 보물은 그렇게 아주 오랜 세월 이곳 동굴 속에 안전하게 감추어져 있었다. 그 사이 시간이 흐르고 세상에 많은 일들이 일어났다.

거인 파프너는 용으로 변신해서 죽을 때도 용으로 죽는다. 신화에서 일시적 또는 항구적으로 몸을 바꾸기, 또는 변신 이야기는 이것이 유일한 경우가 아니다. 앞서 이미 난쟁이 안드바리가 자주 강꼬치고기가 되고, 파프너와 레긴의 형제인 오트르가 툭하면 수달이 되어 폭포수에서 놀았다는 이야기를 읽었다.

신들 중에서도 로키는 자주 변신의 능력을 쓴다. 이따금 매로 변하고, 암말로 변해 새끼를 낳은 적도 있으며, 물고기로 변신하기도 한다. 프라야 여신은 매옷을 갖고 있어서 매로 변신할 수 있었다. 때로는 로키가 그것을 빌리기도 한다.

오딘은 독수리로 변신해서 "시인의 꿀술"을 아스가르드로 운반했다. 산악거인 트야치도 독수리 옷을 입고 독수리가 되고, 〈뵐중 전설〉에서 지그문트는 늑대옷을 입고 늑대인간이 된 적이 있다. 나중에 보면 지그프리트 또한 일시적으로 몸을 바꾸어 군터의 모습이 된다.

출전문서들은 이런 변신을 위해 그 어떤 장치나 마법의 약이 꼭 필요한 것이라고 말하지는 않지만, 출전에 따라 이런저런 장치가 등장하기도 한다. 또는 필요한 순간에 그냥 몸이 바뀌는 경우도 많다. 신들이나 신의 후손들에게만 주어진 능력일 테지만 어쨌든 편의에 따라 손쉽게 몸을 바꾼다.

바그너는 《니벨룽의 반지》에서 인물의 변신을 위한 특별한 장치를 마련했다. "변신투구Tarnhelm"가 그것이다. 솜씨 좋은 난쟁이 대장장이 미메Mime가 형의 지시를 받아 만든 물건이다.

바그너가
이야기를 바꾸다

라인의 황금

❖ 4부작 오페라

바그너의 4부작 오페라《니벨룽의 반지》(1876)는 북유럽 신화의 반지 이야기를 중심으로 펼쳐지는 아주 재미있는 줄거리를 갖고 있다. 4편을 따로 나누어 보아도 되지만, 본래의 흥미진진한 줄거리를 제대로 알려면 네 편을 한꺼번에 다루어야 제 모습이 드러난다.

보통 오페라 작곡가들은 대본작가가 쓴 대본을 토대로 작곡만 한다. 괴물 같은 천재 바그너는 원래 지휘자로 활동하면서 자기 오페라의 대본을 손수 쓰고 작곡도 하고, 나중에는 오페라 연출도 했다.《니벨룽의 반지》대본을 쓸 때 그는《에다》와 〈뷜중전설〉을 주요 출전으로 삼았고, 이야기를 상당히 치밀하게 재구성해서 4편을 완벽하게 하나의 이야기로 만들었다.

북유럽 신화를 이야기하는 사람은 신화의 거대한 구성과 이야기를 토대로 삼은 대작大作《니벨룽의 반지》를 모른 척할 수 없다. 우선 이 작품이 북유럽 신화가 남긴 가장 위대한 예술작품이기 때문이고, 그것 말고도 출전문서에서 비어 있는 줄거리 부분을 바그너가 상당히 많이 보충해 주고 있기 때문이다. 사람들은 줄거리에 구멍이 숭숭 뚫린 이야기보다 전체 구성이 깔끔하게 완결된 이야기를 훨씬 더 좋아하고, 또한 쉽게 기억한다. 우리는 여기서 바그너의《니벨룽의 반지》를 따라가며 북유럽 신화의 전체 구조를 살펴보기로 하자.

다만 이 경우에 북유럽 신들의 이야기에서 가장 중요한 역할을 하는 토르 신의 이야기가 거의 사라지고, 나머지 신들의 역할도 줄어들기 때문에 이것이 좀 약점이다. 하지만 신들의 이야기는 다른 책들을 참조할 수 있고, 또한 우리 책 뒤에도 기본적인 내용을 덧붙여 두었으니 참고가 될 것이다. 대신 인간 영웅의 이야기가 중심이 되면서 신들은 한 발작 뒤로 물러나고, 신화적 공간에서 인간의 이야기와 비극이 분명하게 드러난다.

✧ 3개의 세계

반지의 주인이 반지를 강탈당할 때 반지에 저주를 내렸고, 그의 저주가 곧장 실현되기 시작하는 것을 이미 읽었다. 4부작 오페라의 제1부인 〈라인의 황금〉은 바로 이 반지 이야기를 다룬다. 다만 반지 주인의 이름이 바뀌었다. 난쟁이 안드바리가 알베리히로 바뀌었는데, 유감스럽게도 이 이름은 외워야 한다.

〈라인의 황금〉에는 신화의 아홉세계 중에서 몇 개의 세계가 직접 등장한다. 단막극이라서 막이 내려오지 않는데도 무대가 바뀌고 있으니, 바그너가 지시한 연출을 그대로 따를 경우 관객은 흥미진진한 무대 바꾸기 장면도 구경할 수 있다.

맨 먼저 "물속 세계"에 이어서 "신들의 세계(아스가르드)" 그리고 "난쟁이들의 세계(스바르트알프하임)" 등이 차례로 무대에 등장한다. 물속 세계 – 하늘세계 – 땅속 세계 – 다시 하늘세계로 이어지고, 각각의 음악이 몹시 흥미롭다. 이 3개의 세계 말고도 "거인세계"는 언급만 된다. 단 원래 북유럽 신화의 아홉세계에 물속 세계는 없다.

⋎ 반지의 기원 라인의 황금 - 물속 세계

《에다》 이야기에서 반지의 원래 주인 안드바리가 강꼬치고기로 등장하는 것을 보았다. 바그너도 이것을 그대로 받아들여 난쟁이 알베리히는 물고기 모습은 아니지만 라인 강의 물속에 등장한다. 막이 열리면 물속에서 라인 강의 황금을 지키는 라인의 딸들이 즐겁게 놀고 있다. 못생긴 알베리히는 아름다운 물의 아가씨들이 너무 사랑스럽다. 저 셋 중 누구라도 좋으니 내 품에 한번 안아봤으면!

아가씨들은 이렇듯 자기들을 갈망하는 못생긴 알베리히를 발견하고는, 대놓고 비웃으며 사랑을 줄 듯 주지 않고 놀려대기만 한다. 사랑의 아픔과 모욕당한 고통으로 알베리히는 심장이 터지도록 원한이 커진다. 이때 갑자기 아침햇살이 라인 강 속으로 뚫고 들어와 강바닥 위로 돌출한 암벽 꼭대기에 붙은 황금을 비춘다. 바로 라인의 황금. 경박하게 난쟁이를 놀리며 깔깔대던 물의 아가씨들은 아직 장난기에 사로잡힌 채 함부로 입을 놀려 중대한 비밀을 발설하고 만다.

"라인 황금으로 반지를 만드는 자에게 반지는 무한한 힘을 줄 것이다. 그는 세계의 유산을 차지할 수 있을 것이니."

"사랑의 힘을 포기한 사람만이 황금을 벼려 반지로 만들 마법을 얻는다."

격한 통증에 사로잡혔던 알베리히는 그 말을 가만히 귀담아
듣고는 잽싸게 행동으로 옮긴다. 어차피 사랑은 거부된 몸, 까짓
사랑 따위 포기하고 황금을 차지해서 반지나 만들어 보자. 사랑
은 못 얻어도 쾌락이야 황금으로 살 수 있을 테고, 그러니 세계
를 내 것으로 차지해 보자. 난쟁이는 잽싸게 암벽으로 기어올라
황금을 낚아채서 내려오며 외친다.

"내 영원히 사랑을 저주하리."

그는 이렇게 황금을 훔치면서 동시에 마법을 얻어 반지를 만
들었다.

ᛉ 계약의 신 보탄 – 하늘세계

하늘세계를 다스리는 신의 원래 이름은 오딘이었지만, 독일
어로는 보탄Wotan이다. 영어로는 "보단Wodan", 영어의 수요일Wed-
nesday은 "보단 신의 날(Wodan's Day)"이 변형된 것이다.

하늘세계에서 이날 아침에 보탄의 성채가 완성되었다. 부지
런한 두 거인이 밤잠도 아끼며 열심히 일해서 "발할" 성을 건축
했다. 보탄은 성채 건설의 대가로 프라야 여신을 내주기로 약속

또는 "계약"을 했었다. 오늘 성을 완성한 두 거인이 프라야를 데리러 오는 중이다.

하지만 보탄은 완성된 성채를 보고 몹시 기뻐하면서도 계약 조건대로 사랑과 젊음의 여신 프라야를 내줄 생각이 없다. 계약의 신이면서 계약을 지킬 의사가 애초부터 없었던 것이다. 로게[로키]가 무언가 방책을 마련해 오겠지. 로게를 기다리는데 로게는 오지 않고, 거인들이 벌써 와서 프라야를 계약대로 데려가려고 한다. 잠깐만 기다려라!

마침내 로게가 등장했지만 뾰쪽한 방책을 알아내지 못했다고 고백한다. 고작 알아낸 것이라고는 "세상 어떤 존재도 사랑을 포기하려 하지 않더라."는 것뿐이다. 딱 한 명 사랑을 포기한 자를 보았다면서, 알베리히가 사랑을 포기하고 반지를 만든 이야기를 전한다. 그러자 로게의 이야기를 듣고 있던 두 거인이 계약 조건을 바꿀 수 있다고 말한다. 오늘 저녁때까지 알베리히의 보물과 반지를 가져다준다면, 프라야를 포기하고 대신 알베리히의 보물을 가져가겠노라고 말이다.

거인들은 일단 프라야 여신을 데려간다. 젊음의 사과를 간수하던 여신이 사라지자 신들은 급속도로 늙어가는 것을 느끼고, 프라야를 포기할 수 없음을 깨닫는다. 보탄은 로게를 데리고 난쟁이들의 세계로, 즉 땅속으로 내려간다. 반지와 보물을 차지하려면 난쟁이 소굴로 가야지. 그 내려가는 과정에 보이는 무대변화와 음악이 흥미진진하다.

❧ 난쟁이들의 대장간 - 땅속 세계

난쟁이 알베리히는 그 사이 마법으로 반지를 만들었고, 그 반지로 동족인 니벨룽 족을 통제할 마법을 얻었다. 모든 난쟁이들이 알베리히를 위해 열심히 광물을 캐다가 온갖 장신구와 무기를 만들고 있으니, 난쟁이 알베리히는 벌써 엄청난 재물을 모았다.

그러니까 우리는 여기서 저 《에다》 이야기에는 나오지 않는 반지의 기원과, 또 난쟁이가 부자가 된 방식을 보게 된다.

특히 알베리히의 동생인 미메는 솜씨가 제일가는 대장장이다. 미메는 친형 알베리히의 상세한 지시를 받아 변신투구를 완성했다. 말이 투구지 그냥 머리에 올려놓을 수 있도록 얼기설기 짠 작은 쇠그물이다. 그것을 머리에 쓰고 주문을 외면 투구를 쓴 사람의 모습이 보이지 않게 되거나 또는 원하는 모습으로 몸이 바뀐다. 혹은 먼 곳으로의 순간이동도 가능케 해주는 투구다. 알베리히는 동생이 만든 변신투구를 시험해 보고 퍽 만족하고 있는데, 신들이 지하세계에 도착했다.

알베리히는 보탄 신을 위협한다. "내가 이 마법과 재물로 너의 세계를 곧 무너뜨리고 세계의 주인이 되겠다."고 말이다. 땅속에 사는 "어둠의 세력"인 알베리히가 밝은 하늘 세력인 신들을 물리치고, 모든 존재가 사랑을 포기한 암담한 세상을 만들겠다는 것이다.

약삭빠른 로게가 알베리히를 살살 꾀어 변신투구의 힘을 보여 달라고 요청하고, 자랑질에 넋이 나간 알베리히가 먼저 커다란 뱀이 되었다가 이어서 작은 두꺼비로 변신한다. 신들은 잽싸게 두꺼비를 발로 밟아 붙잡았다. 제 모습으로 돌아온 알베리히가 분해서 펄펄 뛰었지만 그대로 결박되어 신들에게 끌려서 하늘세계로 올라온다.

✧ 다시 하늘세계에서

결박된 알베리히는 반지의 마법을 빌어 동료 난쟁이들에게 자신의 보물을 모조리 하늘세계로 옮기도록 한다. 이렇게 몸값을 지불하고 풀려나려고 했지만, 보탄은 알베리히더러 끼고 있는 반지도 내놓으란다. 보탄은 처음부터 반지를 노렸으니 당연한 일이다. 알베리히가 내놓지 않으려 하자 보탄이 직접 덤벼들어 알베리히에게서 억지로 반지를 빼앗아 자기 손가락에 낀다. 알베리히는 저 유명한 저주의 노래를 부르고 사라진다.

원래 이야기와는 달리 로게가 저주의 말을 전할 필요도 없다. 보탄이 직접 반지를 빼앗았고 알베리히의 저주도 직접 그를 향한 것이었으니, 최고신은 이 저주를 피할 길이 없다.

그 사이 저녁이 되면서, 아침에 프라야를 데려간 거인들이 프라야와 함께 다시 나타났다. 수달의 몸값처럼 신들은 프라야를 세워놓고, 그 앞에 지팡이 두 개를 땅에 꽂아놓고 두 지팡이 사이를 보물로 채워 저편에 있는 프라야의 모습이 보이지 않도록 가려야 한다. 보물을 다 쌓아올리자 거인이 보물 사이로 프라야의 눈이 보이니 가려달라며, 보탄에게 그 손가락의 반지도 내놓으라고 요구한다. 거인들도 역시 반지를 노리는 것이다.

보탄이 내놓기를 거부하는데 땅이 갈라지면서 신비로운 모습의 발라[4] 여신 에르다[=대지]가 절반만 모습을 드러낸다. 에

---

4 《에다》에 등장하는 발라 또는 뵐바는 여신이기보다는 인간 예언자이다. 바그너가 오페라에서 여신으로 승격시켰다. "에르다"라는 이름은 "대지" 또는 "지구"를 뜻하는 "Erde"를 연상시킨다.

르다는 장차 보탄의 세계가 멸망할 것이지만, 오늘 그 멸망을 면하려면 어서 반지를 내주라고 권한다. 보탄은 마지못해 반지를 내놓고 마침내 프라야는 풀려난다.

알베리히의 보물을 몽땅 차지한 두 거인 파프너와 파졸트는 그 자리에서 서로 반지를 차지하려고 싸우다가 파프너가 파졸트를 죽인다. 신들은 저주가 실현되기 시작한 것을 목격하고 두려움을 느낀다. 홀로 남은 거인 파프너는 보물을 짊어지고 거인들의 세계를 향해 떠나고, 신들은 발할로 입성한다.

이때 돈너[토르] 신과 프로[프라이르] 신이 무지개다리를 만든다. 신들이 발할로 입성하는데, 저 아래 라인 강에서 라인의 딸들이 황금을 돌려달라고 기원하는 소리가 하늘세계로 올라온다.

• 바그너가 바꾼 것 •

1. 난쟁이 안드바리 ⇒ 난쟁이 알베리히
   황금을 훔쳐 반지를 만든다.

2. 농부 일가를 해체, 두 아들을 거인 종족과 난쟁이 종족으로 나눔.
   농부 흐라이트마르와 수달은 사라짐

   파프너(거인) + 파졸트   레긴 ⇒ 난쟁이 미메(알베리히의 동생)
          | |
      거인 종족   난쟁이 종족

3. 보탄과 신들, 난쟁이 종족, 거인 종족이 3대 파벌로 나뉘어 서로 대립.

《에다》의 "더 오래된 지구르트 노래"는 필사본이 절반 이상이나 사라져서 전체 이야기를 알 수가 없다. 대신 이름이 알려지지 않은 어떤 작가가 《운문 에다》의 이야기들을 산문으로 풀어서 쓴 〈뵐중 전설Völsunga saga〉이라는 문헌을 통해 사라진 이야기의 일부를 보충할 수 있다.

《운문 에다》가 나오던 시기보다 늦게 13세기에 아이슬란드에서 활동한 〈뵐중 전설〉의 작가는 물론 이야기의 일부를 자기 입맛대로 변화시켰다. 그래서 같은 반지 이야기라도 줄거리가 서로 혼선을 일으키는 것을 완전히 피할 수가 없다. 이 문헌은 지구르트의 조상들과 부모 이야기, 지구르트의 모험과 브륀힐데 이야기, 그리고 그가 죽은 다음 살아남은 그의 아내 구드룬의 운명 등을 차례로 다룬다. 여기서는 우리 이야기에 필요한 부분만 조금 들어보자.

제2부

지구르트의
조상 이야기

또 하나의 보물
오딘의 칼

벨중이 발퀴레 여신과 혼인하여
11명의 자식을 두다

벨중[1]은 오딘 신의 직계후손이다. 그가 태어나기 전 그의 아버지는 왕이었지만 자식이 없어 오랫동안 신들에게 자식을 내려달라고 기도를 올렸다. 마침내 오딘의 아내 프리크 여신이 오딘에게 청원했다.

"저 늙은 부부의 소망을 들어주십시다."

오딘은 발퀴레 한 명을 불렀다. 최고신은 사과 하나를 발퀴레 여신에게 내주며 늙은 왕에게 가져다주라고 명했다.

발퀴레 여신은 까마귀 모습을 하고 날아가서 물고 온 사과를

---

1 원래 뵐숭Völsung으로 읽어야 하겠지만, 여기서는 어려운 이름을 하나라도 줄이기 위해 바그너를 따라 벨중Wälsung으로 읽는다.

왕의 무릎에 떨어뜨렸다. 왕은 오딘의 상징동물인 까마귀가 전해 준 사과를 주워서 아내와 함께 나누어 먹었다. 그로부터 얼마 지나지 않아 늙은 아내가 임신했다. 하지만 왕비는 날짜가 지나도 해산을 하지 못했다. 왕은 나라를 시찰하다가 죽었는데도 왕비는 여전히 아기를 낳지 못했다.

6년 동안이나 아이를 임신한 끝에 왕비는 자기가 죽을 시간이 다가왔음을 알아차렸다. 그녀는 도무지 자궁 밖으로 나오려 하지 않는 아기를 자궁에서 억지로 꺼내라고 명령했다. 마침내 죽어가는 여인의 몸에서 사내아이가 나왔는데, 놀랍게도 아이는 이미 만 다섯 살짜리 소년으로 자라 있었다.

아이는 세상에 나오자마자 곧장 어머니에게 달려가 어머니가 죽기 전에 작별의 키스를 했다. 이렇게 태어난 아이가 바로 벨중이다. 그는 어려서부터 남달리 용감하고 대담하더니, 커서는 위대한 전사가 되었다.

벨중은 성년이 되자, 까마귀 모습으로 오딘의 사과를 아버지에게 전해 준 바로 그 발퀴레 여신과 혼인했다. 발퀴레 여신이 벨중보다 실제 나이가 훨씬 많았을 테지만, 그런 것은 문제가 되지 않았던 모양이다. 두 사람은 오래 행복하게 살면서 슬하에 아들 열 명과 딸 하나를 두었다.

그 중 첫째는 쌍둥이였는데, 아들 지그문트와 딸 지그니였다. 이들 쌍둥이 오누이가 벨중의 자식들 중에서 용모와 자질이 가장 뛰어났다. 나머지 아홉 아들도 모두 뛰어난 사람들이었다.

어찌 보면 당연한 일이었다. 벨중의 아버지와 벨중은 모두 오딘 신의 직계후손인데, 여기 덧붙여 벨중이 전신 발퀴레 여신과 혼인해서 얻은 자식들이기 때문이다. 이들의 혈통에는 신의 혈통이 섞여 있는 만큼, 북유럽 신화의 중요한 영웅들이 모두 지그문트의 아들이라는 것도 이해가 된다.

벨중 왕은 훌륭한 전당 하나를 지었다. 전당 한가운데서 커다란 사과나무 한 그루가 자라고 있었다. 나무는 아름다운 꽃을 피우고 그 줄기들은 지붕을 넘어 그 위로 넓게 퍼져나갔지만, 몸통만은 전당 한가운데 자리를 잡았다.

북유럽 신화세계에서 나무는 우주나무와 통하게 마련이고, 벨중의 홀 한가운데 자리 잡은 나무는 수종樹種이야 무엇이든 결국 벨중 가문을 상징하는 나무다. 오딘의 명을 받은 발퀴레가 벨중의 아버지에게 사과를 전한 일을 생각하면, 사과나무가 이 가문을 상징하는 나무라는 것이 이해가 된다.

오딘이 선물한 칼
- 지그니의 결혼식에서

　벨중의 자식들이 모두 성년이 되었다. 저 북쪽 고트족의 나라에 지크가이르라는 강력한 왕이 살았다. 지크가이르 왕은 벨중의 딸 지그니에게 청혼했고, 벨중은 그것을 받아들였다. 날짜가 되자 지크가이르 왕은 많은 귀족들을 거느리고 배를 타고 벨중의 나라로 찾아와, 벨중의 사과나무 전당에서 혼례식을 치렀다.

　결혼식 날 저녁, 전당에 불을 피워놓고 연회가 계속되고 있을 때 낯선 사람 하나가 전당으로 들어섰다. 후드가 달린 커다란 망토를 입고 맨발에 무릎 아래까지 오는 반바지 차림이었다. 칼 하나를 손에 든 낯선 사내가 후드를 머리 뒤로 넘겼다. 나이 많은 외눈박이 사내였다. 그는 나무로 성큼성큼 다가가더니 칼을 나무의 몸통에 깊숙이 박아 넣어 칼자루만 밖에 남겼다. 모두들 그 꼴을 지켜보고 있었다. 애꾸눈의 늙은이가 말했다.

"누구든 이 칼을 여기서 뽑는 자는 그것을 내게서 선물로 받은 것이다. 누구라도 이보다 더 나은 칼을 손에 쥐어보지 못할 것이다."

거대한 운명의 순환을 만들어 내는 또 다른 보물 – 오딘의 칼

이렇게 말하고 노인은 도로 떠났다. 아무도 그가 누구며 어디로 가는지 몰랐다지만, 우리는 쉽사리 알 수 있다. 외눈박이 나그네라면 오딘 신이 아니던가?

전당에 있던 사내들은 저도 모르는 새 모조리 자리에서 일어나 줄을 섰다. 누구나 "혹시 저 칼이 내 것이 되려나?" 생각하며 자신의 행운을 시험해 볼 셈이었다. 손님들이 먼저 줄줄이 시도를 하고, 이어서 벨중과 신하들과 자식들도 시도해 보았다. 하지만 아무도 칼을 뽑지 못했다. 칼은 꿈쩍도 하지 않았다.

마침내 벨중의 아들 지그문트 차례가 왔다. 그가 칼의 손잡이를 잡자 마치 굵은 나무줄기가 느슨해진 것처럼 힘 하나 안 들이고 칼이 슥 빠졌다. 칼은 바로 지그문트에게 주어진 물건이었던 것이다. 따져보면 오딘 신이 지그문트에게 직접 선물한 것이나 다름이 없다.

그것을 보고 있던 새신랑 지크가이르 왕이 처남인 지그문트에게 말했다.

"칼 무게 세 배의 황금을 낼 터이니 그것을 내게 파시는 게 어떻소?"

지그문트가 어이없어 하며 대꾸했다.

"이 칼이 나무에 박혀 있을 때 왕께서는 그것을 차지하지 못하셨소. 이 칼은 내 손에만 들어왔으니, 전 재산을 내신다 해도 이걸 드릴 수는 없소이다."

이는 지극히 당연한 대답이지만, 지크가이르 왕은 이 말을 자기에 대한 경멸이라 해석하고 속으로 몹시 분노했다. 다만 천성이 워낙 위선적인 사람이라 겉으로는 아무렇지도 않은 척했다.

신혼의 첫날밤을 보내고 이튿날 지크가이르가 장인에게 말했다.

"오늘 날씨가 마침 항해에 알맞으니 당장 배를 타고 고향으로 돌아가겠습니다."

벨중 왕은 사위가 이미 굳건히 마음을 정한 것을 보고 굳이 반대하지 않았다. 하지만 신부 지그니가 조용히 아버지를 찾아와 이렇게 말했다.

"아버지, 저 사람과 함께 가고 싶지 않아요. 제 마음에 그를 향한 사랑이 없고, 우리 가문에 흐르는 예지 능력이 제게 이렇게 일러주니까요. 이 혼인을 빨리 끊지 않았다간 우리 가문에 큰 재앙이 올 거라고 말예요."

아버지가 대답했다.

"얘야, 그런 말을 하면 못쓴다. 이제 와서 딱히 이유도 없이 혼인을 무르면 그와 우리 양쪽 가문에 엄청난 불명예가 된다. 우리가 그런 일을 벌였다간 그의 왕국에서 어떤 호의도 동맹도 기대할 수 없지 않겠니. 그가 복수하려 들면 어찌하겠니?”

지그니는 아버지의 말을 따르지 않을 수 없었다. 지크가이르는 떠나기 전에 벨중 왕에게 석 달 뒤에 자기 궁전으로 오시라고 초대했다. 아들들을 모두 거느리고, 왕의 지위에 어울리는 수행단을 이끌고 오시라 했다. 벨중은 사위의 초대에 기꺼이 응했다.

벨중과 아홉 아들의 죽음,
지그문트의 수난

　초대 날짜에 맞추어 벨중은 준비를 갖췄고 모두들 3척의 배에 나누어 타고 고트족의 나라로 출발해 저녁 늦게 목적지에 도착했다. 아직 하선도 하지 않았는데, 그 저녁으로 벨중의 딸 지그니가 은밀히 찾아와 친정식구들과 이야기하기를 청한다. 딸이 아버지에게 말했다.

　"아버지, 지크가이르 왕이 손님을 초대해 놓고는 엄청난 군대를 모았어요. 그가 아버지를 배신할 속셈이니 지금 당장 모두 집으로 돌아가세요."

　아버지의 대답은 이랬다.

　"나는 태어나기도 전에 벌써 맹세 하나를 했었다. 절대로 적의 무기나 불이 무서워서 도망치지 않겠노라고 말이다. 지금까지 그 맹세를 지키고 살았으니, 이번에도 지켜야겠다."

지그니는 아버지를 설득하지 못했다.

"그럼, 저도 여기서 아버지와 형제들 곁에 남아 있게 해주세요."

"안 된다. 어서 남편에게 돌아가거라."

지그니는 아버지의 엄격한 말에 어쩔 수 없이 남편 곁으로 돌아갔다.

다음 날 아침 동틀 무렵 벨중 왕은 아들들과 수행원들에게 전투준비를 갖추고 하선하라고 명령했다. 머지않아 지크가이르 왕이 군대를 이끌고 나타났고, 곧바로 전투가 시작되었다. 벨중 과 아들들은 수가 압도적으로 부족함에도 여덟 번이나 적진을 흩어놓았다. 하지만 아홉 번째 시도 중에 벨중 왕과 부하들은 모두 전사하고 열 명의 아들만 살아남았다. 남은 아들들은 끝까지 저항했지만, 결국 모두 붙잡혀서 포로로 묶였다.

지크가이르는 그토록 원하던 오딘의 칼을 이제 손에 넣었다. 출전문서는 시치미를 뚝 떼고 있지만, 이 모든 소동은 결국 오딘 이 선물한 특별한 칼로 인해 벌어진 일이 아니던가? 오딘이 그 칼을 지그문트에게 내렸고, 지크가이르가 자신에게 주어지지 않은 것을 탐했기에 벌어진 일이 아니던가?

반지든 칼이든 이토록 특별한 보물은 그것이 지닌 실제 쓸모 보다는 그것을 탐하는 존재들의 욕심으로 인해 재앙으로 변하 는 것만 같다.

지그니가 소식을 들었다. 아버지는 전사하고, 형제들 열 명 이 모두 포로가 되어 곧 죽을 운명이란다. 그녀는 남편에게 달려 가서 이렇게 청원했다.

"그들을 한꺼번에 빨리 처형하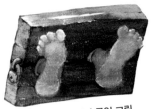
지 마시고 차꼬에 묶어 가두시기
를 청원합니다. 눈이 충분히 즐거
워야 하니까요. 그렇다고 처형을

차꼬에 발이 묶인 그림

늦추라는 청도 아니에요. 다른 이의 말을 안 듣는 귀에 형벌이
떨어지기를 저도 기대하니까요."

아버지가 제 말에 귀를 기울이지 않은 게 원망스러웠던 모양
이다.

지크가이르가 대꾸했다.

"당신 아무래도 정신이 나간 모양이군. 형제들을 참수하는
것보다 더 나쁜 대우를 청하니 말이오. 하여튼 그 소원은 들어주
지. 그들이 죽기 전에 더 큰 고통을 겪는다면 내겐 더 좋소."

그래서 왕의 명에 따라 형제들 열 명의 다리를 거대한 차꼬
한 쌍에 묶은 채로 저 바깥 숲속 어딘가에 버려두었다. 그들은
그렇게 손과 다리를 묶인 채 하릴없이 낮을 보내고 밤이 되었
다. 한밤중이 되자 아주 커다란 늙은 암늑대 한 마리가 숲에서
나오더니 형제 하나를 물어 죽이고는 시신을 먹었다.

이튿날 지그니는 자기가 믿는 심부름꾼 하나를 숲으로 보내
사정을 알아오게 했다. 전날 밤의 고약한 소식을 들었으나, 그녀

는 어찌해야 좋을지 알 수가 없었다.

이렇게 아흐레가 지나는 동안 밤마다 같은 일이 벌어져서 아홉 형제가 이미 암늑대에게 먹혔다. 열 번째 밤이 오기 전에 지그니는 심부름꾼을 홀로 남은 지그문트에게 보냈다.

"이 꿀을 가지고 가라. 우선 지그문트의 얼굴에 꿀을 바르고 조금만 남겼다가 그의 입에 넣어주어라."

심부름꾼은 숲으로 가서 지그니가 시킨 대로 행하고, 그녀의 말도 전했다. 지그문트는 꿀을 입에 문 채로 삼키지는 않았다.

밤이 되자 암늑대가 나타났다. 늑대는 지그문트를 죽여서 먹으려다가 꿀 향기에 끌려서 먼저 그의 얼굴을 핥았다. 이어서 지그문트의 입 안을 핥으려고 혀를 그의 입 안으로 깊숙이 넣었다. 지그문트는 절망에서 나오는 힘을 다해 늑대의 혀를 물었다. 늑대는 격하게 저항하고 몸부림을 치다가 앞발로 지그문트의 발을 묶은 차꼬를 부러뜨렸다.

다리가 풀려난 지그문트는 더욱 죽자 사자 늑대 혀를 물어당겼고, 늑대는 혀가 뿌리에서 뽑혀 나오면서 죽었다. 일부 사람들 말로는 이 늑대가 지크가이르의 어미였는데, 늑대 모습이 되어 사람고기를 먹고 사악한 마법을 복원하려 했다고 한다.

지그문트는 겨우 살아났지만 그 숲에 그대로 머물렀다. 아버지와 형제들의 복수를 해야 하고 자신의 칼도 되찾아야 했다. 그는 지그니의 도움으로 숲속 지하에 터전을 마련하고 그곳에 숨어 지냈다. 지그니가 필요한 물품을 보내주었다. 하지만 혼자서 강력한 왕을 대적하기가 어려우니 숲에 머물며 때를 기다렸다.

지크가이르는 벨중의 아들 10명이 모두 죽었다 여기고 보복에 대해서는 전혀 걱정하지 않았다. 세월이 흐르면서 지그니와 남편 사이에 두 아들이 태어났다.

지그니는 큰 아들이 나이가 되자 아들을 쌍둥이 오빠 지그문트에게 보냈다. 지그문트는 아이가 용기가 없어 쓸모가 없다고 생각했다. 나중에 지그니에게도 그렇게 말했다. 그러자 지그니가 말했다.

"그렇다면 아이를 죽여요."

지그문트는 그대로 했다. 지그니의 둘째 아들도 마찬가지 운명을 겪었다.

아, 지그니, 지그니여, 불운하고 잔혹한 어미 지그니여, 친정 아버지와 동생들이 남편 손에 죽어 나가는 꼴을 겪더니 이제는 제 자식이기도 한 남편의 아들들을 차례로 죽이는구나! 이 세상에 더할 수 없이 처절한 운명의 여인이었다.

쌍둥이 오누이의
아들 진표틀리

어느 날 지그니가 자신의 거처에 혼자 있는데 젊은 여예언자 한 명이 찾아왔다. 지그니가 말했다.

"자네와 모습을 바꾸고 싶네."

그렇게 둘은 모습을 바꾸었다. 여예언자는 지그니 모습을 하고 궁전에 남아 그녀인 척했다. 그 사이 지그니는 젊은 여인의 모습으로 오빠의 거처를 찾아갔다. 그녀는 그곳에서 하룻밤 묵어가게 해달라고 청했다.

"나는 숲에서 길을 잃어 내가 어디로 가는지도 모르니까요."

지그문트는 낯선 여인의 청을 받아들였고, 지그니는 지그문트 곁에서 사흘 밤을 묵었다. 그런 다음 지그니는 궁으로 돌아와 여예언자와 도로 몸을 바꾸었다.

달이 차자 지그니는 아들을 낳았다. 쌍둥이 오빠와의 사이에서 얻은 아들이니, 이는 지크가이르의 아들이 아니었다. 하지만 사내들은 아무도 그 사실을 몰랐고, 물론 어린 아들도 아무것도 몰랐다. 진표틀리라는 이름을 얻은 아이는 자라면서 크고도 강해져서 차츰 할아버지 벨중의 모습을 드러냈다. 자랑스럽고 믿음직한 아들이었다.

이 아들도 열 살이 되자 지그니는 지그문트에게 보냈다. 실은 제 아들이었건만 지그문트는 지크가이르의 아들이 자기에게 온 것이려니 여겼다.

지그니는 아들을 지그문트에게 보내기 전에 이번에도 용기 시험을 했다. 윗도리를 지어 입히면서 아이의 팔과 소매를 한데 합쳐 꿰맸는데 지크가이르의 아들들은 고통을 참지 못하고 울부짖고는 했었다. 하지만 진표틀리는 눈썹 하나 까딱하지 않고 견뎠다. 그런 다음 그녀가 거칠게 옷을 잡아채서 벗기자 소매에 꿰매 붙인 살점도 함께 떨어져 나가며 피가 흘렀다. 정말로 아팠을 테지만, 이런 것쯤 벨중 가문 사람에겐 아무것도 아니었다.

모진 어머니의 시험을 당당히 거친 다음 진표틀리는 지그문트에게 왔다. 지그문트는 밀가루가 든 자루를 가리키며 아이에게 말했다.

"내가 나무를 해올 동안 너는 빵 반죽을 치대 놓아라."

지그문트가 숲에서 돌아와 보니 아이가 이미 빵을 구워 놓았다.

"자루에 뭔가 들어 있지 않던?"

"반죽을 시작할 때 자루에 살아 있는 뭔가가 있었던 것 같진 않아요. 하지만 그게 무엇이든 함께 치대서 반죽했죠."

지그문트가 껄껄 웃었다.

"그렇다면 오늘 저녁에 너는 이 빵을 먹지 마라. 네가 빵 반죽에 커다란 독사도 함께 넣고 치댔으니 말이다."

지그문트는 그런 독을 먹어도 해를 입지 않았지만, 진표틀리의 경우에는 피부는 독의 해를 안 입어도 몸은 그것을 견딜 수가 없으니 먹을 수가 없다는 말이었다. 어쨌든 진표틀리는 이제부터 지그문트와 함께 살게 되었다.

쌍둥이 오누이 지그문트와 지그니는 서로 모의한 적은 없어도, 지그문트 혼자서 막강한 지크가이르에게 복수를 할 수는 없고 따라서 조력자가 필요하다고 느꼈다. 그래서 지그니는 아들이 자라면 지그문트에게 보내곤 했던 것이다. 얼마나 잔인한 일인가. 만일 지크가이르의 아들 중 누군가가 충분히 용감해서 지그문트에게 선택되었다면, 그는 제 아비를 죽이는 일에 동참하는 꼴이 되지 않겠는가!

복수에 눈먼 지그니는 그런 것쯤 아랑곳하지 않았던 모양이다. 하지만 지크가이르의 아들이 알맞은 조력자가 되기 어려울 것임을 느끼고 지그니는 변신한 모습으로 쌍둥이 오빠를 찾아가 진짜 벨중 가문 아들 하나를 얻었던 것이다. 그리고 생각대로 진표틀리는 지그니와 지그문트의 용기 시험을 차례로 통과해서 벨중의 후손임을 입증했다. 다만 아직 너무 어려서 지그문트는 새로운 조수를 데리고 다니며 아이를 조련해야 했다.

둘이서 숲속을 돌아다니다가 한 번은 어느 오두막에서 두 사내가 자고 있는 것을 보았다. 끔찍한 운명의 저주를 받은 이들이었으니, 그들의 머리맡에 늑대가죽이 걸려 있었다. 그들은 늑대인간이었는데, 열흘에 한 번씩 겨우 늑대가죽에서 벗어나 잠시 사람으로 돌아올 수 있었다. 지그문트와 진표틀리는 호기심에서 늑대가죽을 떼어내 입어보았다. 미친 짓! 가죽을 몸에 입을 수는 있었으나 벗을 수는 없었다. 그들은 이제 늑대가 되어 숲을 배회했다.

그렇게 돌아다니다가 한 번은 지그문트 늑대가 화가 나서 진표틀리 늑대를 물어서 죽인 적이 있었지만, 숲에서 나는 약초의 도움으로 그를 도로 살려냈다. 날짜가 되어 늑대가죽이 벗겨졌을 때 두 사람은 재빨리 늑대가죽을 불에 태워버렸다. 그들은 이제 다시는 늑대가 되지 않았다.

숲에서 이런 훈련기간을 거친 다음 성년이 된 진표틀리를 데리고 지그문트는 지크가이르 왕의 궁으로 들어갔다. 궁에 숨어 있는데, 지그니가 그 사이 남편과의 사이에 얻은 어린 두 아들이 그들을 발견하고는 얼른 아버지에게 가서 낯선 이들이 집안에 숨어 있다고 고했다.

그러자 지그니는 오빠에게 이 아이들을 죽이라고 말했다. 하지만 지그문트는 어린것들을 죽이는 일이 내키지 않아 머뭇거렸다. 그러자 진표틀리가 나서서 아이들을 죽였다. 그는 아는지 모르는지 아버지 다른 두 형제를 죽인 것이다. 하지만 지그문트와 진표틀리는 소식을 듣고 달려온 지크가이르 왕의 부하들과 싸우다가 수에 밀려서 붙잡혀 갇혔다.

왕은 그들에게 잔혹한 죽음의 형벌을 내렸다.

"우선 커다란 구덩이를 파라. 구덩이 가운데 커다란 돌판을 놓아 내부를 둘로 나눈 다음 두 놈을 따로따로 가두어라. 그렇게 서로 떨어진 상태에서 먹을 것을 주지 말고 굶겨 죽여라. 그럼 놈들은 죽어가며 서로 상대방을 보지는 못해도 저쪽에서 나는 신음소리야 들을 테지.”

생각해 보면 잔혹한 형벌이었다. 인부들이 구덩이 천장을 잔디로 덮으려는 찰라 지그니가 짚더미 하나를 진표틀리 쪽으로 던졌다. 구덩이 천장을 잔디로 덮자 커다란 무덤이 되었다. 두 사람은 산 채로 캄캄한 무덤에 갇혔다.

지그니가 던진 짚더미 속에는 고기와 함께 지그문트가 오딘에게서 받은 칼이 들어 있었다. 이 모든 불운의 시작인 저 운명의 칼이었다. 진표틀리는 먼저 칼로 고기를 나누어 지그문트에게 던졌다. 두 사람은 고기를 먹고 기운을 차렸다.

그런 다음 진표틀리가 두 사람을 나누는 돌판 위로 칼을 올려놓고 칼날을 아래로 눌러서 돌을 가르기 시작했다. 이 특별한 칼은 돌을 가를 힘이 있었다. 지그문트가 가세해서 칼의 끝부분을 잡고 두 사람은 힘을 합쳐 돌판을 끝까지 갈라버렸다. 두 사람은 먼저 구덩이 안에서 자유를 얻었다. 그 밤으로 두 사람은 힘을 합쳐 구덩이를 벗어났다.

지크가이르와 부하들은 왕궁의 전당에서 자고 있었다. 지그문트와 진표틀리는 전당의 문을 밖에서 걸어잠그고 불을 질렀다. 불이 붙을 때 지그문트는 누이 지그니만 밖으로 불러냈다. 밖으로 나온 지그니는 그동안 있었던 일을 재빨리 이야기했다. 진표틀리가 지그문트의 아들이라는 이야기를 한 것이다. 그런 다음 그녀는 이렇게 말했다.

"아버지와 동생들의 복수를 하느라 나는 그 오랜 세월 그 온갖 짓을 다 저질렀으니 이제 더는 살고 싶은 마음이 없소. 나는 돌아가 남편과 함께 죽으려 하오."

이것이 그녀의 마지막 말이었다. 그녀는 전당 안으로 돌아가 다른 사람들과 함께 불에 타서 죽었다.

"아, 지그니, 지그니여, 불운하고 잔혹한 어미 지그니여,
이 세상에 더할 수 없이 처절한 운명의 여인!"

진표틀리의 죽음

아버지와 동생들의 부당한 죽음에 대한 복수를 끝낸 다음에야 지그문트는 아들 진표틀리를 데리고 고향으로 돌아왔다. 시간이 흘러 지그문트는 보르길드와 혼인했다. 진표틀리는 이제 아버지 곁에 머물렀다.

그러다 진표틀리가 전쟁에 나갔는데, 도중에 아름다운 여인을 만나 그녀를 사랑하게 되었다. 불운하게도 보르길드의 남동생도 같은 여자에게 구혼했다. 두 사내가 한 여인에게 구혼하고 있었으니, 그들은 결투로 이 문제를 해결하기로 합의를 보았다. 이 싸움에서 진표틀리가 이기고 상대방은 죽었다. 그러고 나서도 진표틀리는 또 다른 많은 전투에서 승리하고 나서 아버지에게로 돌아왔다.

그가 돌아오자 지그문트의 집에 복잡한 문제가 생겨났다. 지그문트의 아내 보르길드는 진표틀리의 의붓어머니다. 그렇게 따지면 진표틀리는 여인을 얻으려고 외삼촌뻘 되는 사람을 죽인 셈이다. 보르길드가 남편에게 말했다.

"동생 죽인 자를 계속 보면서 살 수는 없으니, 진표틀리를 궁에서 내보냅시다."

맞는 말이었지만 지그문트는 함께 고생한 아들을 내보내고 싶지가 않았다. 그래서 이렇게 대답했다.

"당신과 처가에 넉넉한 몸값을 지급할 테니 아이는 그대로 여기서 살게 합시다."

"당신의 결정을 따르기로 하지요."

이렇게 결정한 다음 죽은 이를 기리는 성대한 잔치가 열렸다. 보르길드는 사람들이 술을 잔뜩 마시고 취하기를 기다렸다가 커다란 뿔잔에 맥주를 가득 담아 진표틀리에게 가져왔다. 진표틀리는 잔을 들여다보고 술에 독약이 들어간 것을 알았다.

"그럼 내게 다오."

지그문트가 얼른 잔을 비웠다. 하지만 보르길드가 다시 술을 채운 뿔잔을 들고 와 진표틀리에게 내밀었다. 이번 잔도 지그문트가 비웠다. 보르길드는 세 번째로 잔을 들고 와서 진표틀리에게 내주며 이렇게 말했다.

"벨중의 용기를 가졌다면 어서 잔을 비우시게."

"술에 독이 들었는데." 진표틀리가 중얼거렸다.

"그럼 수염으로 걸러서 마셔라."

지그문트가 이렇게 말했다. 술에 몹시 취한 탓이었다. 아마도 수염에 걸러서 적당히 버리라는 뜻이었겠지만, 진표틀리는 잔을 비우고 그 자리에서 쓰러져 죽었다.

지그문트는 아들의 죽음에 가슴이 미어졌다. 숲속에서, 그리고 지크가이르의 궁에서도 갖은 고생을 함께한 아들이었다. 그는 아들의 시신을 두 팔에 안고 숲을 거쳐 피요르로 나아갔다. 피요르에는 작은 보트가 한 척 떠 있고, 나이 든 사공 하나가 거기 타고 있었다. 사공이 물었다.

"저쪽 만까지 가시려는 게요?"

"그렇소."

"그럼 배에 시신을 내려놓으시오. 하지만 배가 너무 작아 당신이 탈 자리는 없소. 내가 시신을 운반할 테니 당신은 걸어서 저쪽 만까지 오시오."

하는 수 없이 지그문트는 만을 따라 혼자 걸어가는데, 잠시 뒤에 보니 배도 사공도 온데간데없이 사라지고 없었다. 피요르

진표틀리의 시신을 거두어 가는 뱃사공 오딘. 지그문트는 그 배에 올라탈 수 없었다.

에는 배가 있었다는 흔적조차 없었다. 지그문트는 하는 수 없이 집으로 돌아왔다. 그러고는 즉시 아내 보르길드를 궁에서 추방해 버렸다.

진표틀리의 시신을 싣고 간 뱃사공은 오딘이었다고 전해진다. 오딘 신은 사공의 모습을 하고 자기가 몹시 아끼던 후손의 시신을 손수 거두어 발할로 데려간 것이다.

바이킹 사람들은 예로부터 시신을 배에 태워 떠나보내는 장례의식이 있었다. 때로는 배에 불을 붙이고, 때로는 불을 붙이지 않기도 했다. 그러니 여기서 진표틀리를 배에 태운 것은 전통적인 바이킹 장례의식의 하나다.

진표틀리는 전투 중에 사망한 것이 아니었고, 따라서 발퀴레 여신이 나타날 수도 없었다. 이럴 경우 망자亡者는 전사戰士들의 낙원인 발할로 올라가지 못하고 명부의 여신 헬의 세계로 가야만 한다. 하지만 용감한 전사자의 혼령을 거두어 가는 것은 전쟁신 오딘이 결정하는 것이니, 오딘은 용감한 후손 진표틀리를 손수 이렇게 발할로 데려갔다. 그래서 아직 살아 있는 지그문트는 그 배에 올라탈 수가 없었던 것이다.

지그문트의 죽음

이미 나이 든 지그문트는 에일리미 왕의 딸 효르디스의 소문을 들었다. 효르디스는 세상의 여인들 중에 가장 아름답고 지혜로운 여인이라고들 했다. 또한 그녀가 지그문트의 짝으로 꼭 알맞은 사람이라고도 했다. 그런 말을 듣고 지그문트는 에일리미 왕을 방문했다. 에일리미는 지그문트를 극진히 대접했다. 두 왕은 가까운 친분관계를 맺었다.

같은 시기에 훈딩 왕의 아들 링비도 에일리미 궁을 찾았다. 링비 또한 효르디스 공주와의 혼인을 갈망하고 있었다. 에일리미가 보니 사태가 심상치가 않다. 구혼자가 두 명이 동시에 나타났는데, 그 어느 쪽도 패배하면 고분고분 물러날 것 같아 보이지 않았기 때문이다. 왕은 딸을 불러 물었다.

"넌 지혜로운 애다. 네가 신랑감을 골라라. 두 왕 중에 누구를 선택하든 나는 네 편이 되어주마."

"힘든 결정이네요, 아버지. 하지만 세상에서 제일 유명한 지그문트를 신랑으로 고르겠어요. 물론 나이가 좀 많기는 해도."

지그문트가 신랑으로 선택되고, 링비는 그대로 떠났다. 지그문트와 효르디스의 혼례식이 거행되고, 며칠이나 잔치가 벌어졌다. 그런 다음 지그문트와 효르디스는 지그문트의 고향으로 돌아갔다. 장인인 에일리미도 이 여행에 동행했다.

그 사이 고향으로 돌아간 링비와 형제들은 군대를 잔뜩 모아 지그문트의 나라로 쳐들어 왔다. 그들은 전에 지그문트의 도움을 받은 적도 있었건만 최근의 패배가 더욱 마음에 남았던 모양이다. 다만 그들은 지그문트에게 미리 전쟁을 통보했기에 지그문트는 충분치는 않아도 준비할 시간이 조금 있었다. 임신한 젊은 아내 효르디스는 하녀 한 명과 함께 보물을 몽땅 싸들고 숲으로 피신했다.

링비는 상대가 유명한 영웅이니만큼 그에 대적하기 위해 엄청난 군대를 데려왔다. 지그문트와 에일리미는 용감하게 싸웠지만 수가 절대적으로 많은 적군을 감당하기가 힘들었다. 그런데도 지그문트는 칼을 휘둘러 수많은 적을 쓰러뜨렸다. 전투가

한참 진행되고 있을 때 전쟁터 한가운데
서 갑자기 모자를 푹 눌러쓴, 검은 외투의
사내 하나가 지그문트의 눈앞에 나타났다.

애꾸눈의 사내는 지그문트를 지긋이 바
라보며 그를 찌르려고 손에 들고 있던 창을
높이 쳐들었다. 지그문트는 자기를 죽이려
는 적을 향해 힘껏 칼을 휘둘렀으나, 그의 칼
이 상대의 창에 닿는 순간 칼이 두 동강 나고
말았다. 오딘이 선물한 칼은 오딘의 창에 닿자 그대로 부러지고
만 것이다.

그로부터 전세가 완전히 기울었다. 지그문트는 제 운이 다했
음을 느꼈다. 머지않아 지그문트와 에일리미는 심한 부상을 입
고 쓰러졌다. 지그문트가 심각하게 패배한 그날 밤에 효르디스
는 숲에서 나와 전사자들을 헤집으며 남편을 찾아 이리저리 돌
아다녔다. 그러다 마침내 남편을 찾아내 다가왔다. 하지만 지그
문트는 자기가 죽을 시간이 되었음을 이미 알고 있었다. 아내가
상처를 살펴보는데, 지그문트가 말했다.

"내 운이 다했으니 살아남을 희망은 없소. 오딘이 원치를 않
아. 오딘의 창에 닿아 내 칼이 부러졌소. 이 칼 조각을 잘 보존했

다가 아들을 낳거든 그에게 주어 새로 벼리게 하시오. 칼 이름은 그람이오. 우리 아들은 그 칼로 위대한 업적을 이룰 게요."

효르디스는 남편이 죽을 때까지 곁에 머물러 있다가, 먼동이 틀 무렵 동강난 칼을 수습해 하녀와 함께 도로 몸을 감추었다.

그 아침에 해안에 또 다른 배들이 도착했다. 덴마크의 히얄프레크 왕의 아들 알프 일행이었다. 알프는 힘든 전쟁이 남긴 엄청난 전사자들을 보았다. 그는 여인 둘이 숲으로 도망치는 것을 보았기에 숲을 수색해서 그들을 찾아냈다. 알프는 갈 곳 잃은 여인들을 함께 배에 태우고 고향인 덴마크로 갔다.

그곳 히얄프레크 왕의 궁전에서 효르디스는 지그문트의 아들을 낳았다. 유복자인 아이는 지구르트라는 이름을 얻었고, 히얄프레크 왕의 궁전에서 자라게 되었다.

그런 다음 히얄프레크 왕은 아들 알프와 지혜로운 여인 효르디스를 혼인시켰다. 그들은 궁전을 떠나 다른 곳에 살게 되었고, 아기 지구르트만 이곳에 남았다.

여기서 우리에게 지구르트의 탄생 이야기를 알려주는 〈뷜중 전설〉은 저 태고의 이야기를 다룬 옛날 《에다》의 이야기들과 결이 많이 다르다. 《에다》 이야기는 시적인 흐름과 태고의 이야기라는 느낌을 주는 반면, 〈뷜중 전설〉은 이 이야기를 역사적 사건들과 연결하려고 한다. 그래서 등장인물들이 모조리 왕으로 바뀌었다. 우리는 이런 출전문서의 특성을 완전히 바꿀 수는 없다. 다행스럽게도 도로 태고의 이야기, 그러니까《운문 에다》의 이야기로 잠깐 돌아갈 수가 있다.

● 1. 벨중 가문 ●

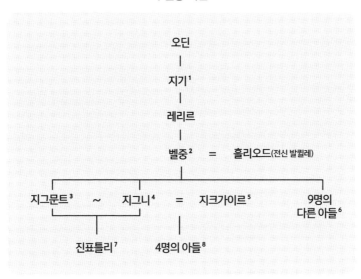

1. 처남 손에 죽음 ┃ 2. 사위(지크가이르) 손에 죽음 ┃ 3. 괴물(암늑대)을 죽임, 근친상간 ┃ 4. 억지로 시집간 신부, 제 자식들을 죽이는 어미, 근친상간, 자살 ┃ 5. 처남(지그문트) 손에 죽음 ┃ 6. 자형(지크가이르) 손에 죽음 ┃ 7. 의붓어미(보르길드) 손에 죽음 ┃ 8. 어미(지그니)의 지시에 따라 외삼촌(지그문트)과 이부(異父) 형(진표틀리)의 손에 죽음

보르길드[1]　　=　　지그문트[2]　　=　　흐르디스

　　　　　　　　　　　　　│

브륀힐데(전신 발퀼레)　　~　　지구르트[3]　　=　　구드룬

---

1. 의붓자식(진표틀리)을 죽인 의붓어미 ｜ 2. 전투 중에 전사 ｜ 3. 용을 죽인 전사

---

* 이름의 두운법칙 : 북유럽 전설에서 자주 가족 등장인물의 이름에 두운頭韻 법칙이 적용된다. 여기서 벨중의 자식들은 지그문트와 지그니, 지그니의 남편 지크가이르, 그리고 지그문트와 지그니 사이에 태어난 아들 진표틀리, 마지막으로 지그문트의 아들 지구르트 등이 모두 "지si"라는 두음으로 시작한다.

싸움, 싸움, 싸움!
끝없이 이어지는 전쟁!

"잠시 반짝이는
저 하늘의 별들도 떨어지고 말면
강물이여, 피 같은 너
혼자 남아서
남은 세상 햇빛을 묻어주게."

– 강은교 시선(詩選) 〈풀잎〉, "싸움" 중에서

바그너가
이야기를 바꾸다

발퀴레

⚘ 보탄 신의 혈통

〈라인의 황금〉은 초인적 존재들의 영역에서 이루어지는 사건을 다루었다. 〈발퀴레〉에 와서야 비로소 인간이 등장한다. 이 작품은 줄거리 이해가 쉽지 않다. 작중 인물들 사이의 관계가 상당히 복잡한데, 작품 중간에 가서야 앞뒤 사정이 설명되기 때문에 더욱 어렵다. 꽤 길게 이어지는 보탄[=오딘]의 독백에서 비로소 전후 사정이 밝혀진다. 하지만 이 독백이 길고 지루하게 생각되기에 독자 또는 관객이 그 거대한 내용을 제대로 파악하기는 쉽지가 않다.

먼저 신화에서 오딘의 혈통을 간략한 가계도로 살펴보자. 오딘은 아내 프리크 여신과의 사이에 여러 자식을, 그리고 거인 여인과의 사이에도 자식을 두었다. 이들은 모두 신들로서 북유럽 신화세계의 종말, 곧 라그나뢰크에서 중요한 역할을 한다. 다만 이쪽 혈통은 오페라에는 등장하지 않는다. 그래도 참고로 신들의 세계에 등장하는 보탄의 후손 중 중요한 신들은 다음과 같다.

• 1. 신화에 등장하는 오딘의 혈통 •

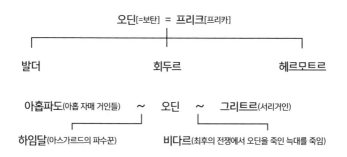

〈뷜중 전설〉에서 오딘은 인간 여인과의 사이에도 후손을 두었다.

바그너는 이런 것을 참조하여 자기만의 혈통을 새로 만들었다. 이들 보탄의 직계후손들은 〈발퀴레〉에서 모두 한꺼번에 등장한다. 이들과 다시 그 후손인 지그프리트는 바그너 오페라의 라그나뢰크[=〈신들의 황혼〉]에서 중요한 역할을 하게 된다.

● 2. 바그너 오페라 《니벨룽의 반지》에서 보탄의 혈통 ●

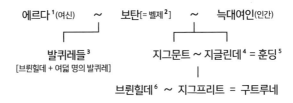

1. 발라 여신 에르다[대지]는 바그너의 창안. 대지여신의 특성이 강하다. 운명의 여신 노른들의 어머니이자 발퀴레들의 어머니.
2. 바그너에서 벨제는 보탄이 인간계에 등장할 때 사용하는 이름. 벨제의 후손을 가리켜 벨중이라 한다.
3. 원래 발퀴레 여신들은 다양한 출신으로 보탄의 딸이 아닌데, 바그너가 오페라에서 보탄과 에르다 사이의 딸들로 바꾸었다.
4. 신화에서 쌍둥이 오누이 지그문트와 지글린데[=지그니] 사이에 태어난 아들은 진표틀리다. 바그너가 지그프리트로 바꿈.
5. 훈딩은 신화에서 지그문트를 죽인 자들의 아버지인데, 오페라에서는 지글린데의 남편으로 등장.
6. 바그너가 혈통관계를 바꾼 결과, 브륀힐데는 지그문트 + 지글린데와 배다른 자매가 되고, 지그프리트에게는 고모 – 이모가 된다.

⌁ 훈딩의 집에서 - 지그프리트의 수태

훈딩의 집 전당은 물푸레나무를 한가운데 둘러싸고 지어졌다. 훈딩이 집을 비운 사이, 폭풍우 속에 적에게 쫓긴 지그문트가 이 집으로 들어오고, 훈딩의 아내 지글린데가 화덕 앞에 낯선 사내가 쓰러져 있는 것을 발견한다. 물을 마시고 정신을 차린 지그문트와 지글린데는 상대방이 자기와 똑같이 닮은 것을 한눈에 알아보고, 서로 어린 시절에 잃어버린 쌍둥이 오누이가 생각난다. 오랜 고립과 외로움 끝에 재회한 오누이. 다만 아직 말로 확인은 하지 않았다.

머지않아 집으로 돌아온 훈딩도 이들이 닮은 것을 이상히 여긴다. 이야기 끝에 오늘 지그문트를 죽이려고 쫓던 적이 바로 훈딩 집안사람들임이 드러난다. 훈딩은 "오늘 밤 내 집은 너를 보호하지만, 내일은 내 칼이 너를 죽이리라."고 경고한다. 지그문트는 무기도 없는 신세.

지글린데는 남편에게 잠자는 약을 먹여 깊이 잠들게 하고, 다시 지그문트의 잠자리인 화덕 앞으로 나온다. 두 사람은 지난 시절 이야기를 나눈다. 지그문트는 쌍둥이 누이와 어머니를 잃어버리고 나서 아버지와 숲속에서 지낸 일들을 이야기한다[지그문트와 진표틀리가 숲속에서 지낼 때의 경험 일부가 이리로 들어갔다].

지글린데는 자기 결혼식에 애꾸눈의 나그네가 나타나 저 물푸레나무 몸통에 칼을 꽂아놓고 갔다는 이야기를 들려준다. "저 칼을 뽑은 사람이 칼의 주인"이라고 말했단다.

두 사람은 서로를 향한 강렬한 이끌림과 사랑을 느낀다. 그들은 먼저 아버지 이름이 "벨제"임을 확인하고, 따라서 자기들이 예상대로 쌍둥이 오누이라는 사실도 확인한다. 이런 확인을 거친 다음 지그문트는 당연히도 손쉽게 나무에서 칼을 뽑아 자기가 칼의 주인임을 입증한다. 지그문트는 이제 강력한 무기인 보탄의 칼을 지니게 되었다. 여기서 이 보물 칼의 이름은 "노퉁."

그러고 나서 오랜 기다림과 그리움 끝에 다시 만난 쌍둥이 오누이는 뜨거운 사랑의 밤을 보낸다. 하지만 이것은 근친상간이자 간통으로서, 이들 특별한 오누이는 그 사실을 정확히 알면서도 세상의 모든 관습을 깨뜨렸다. 이 밤에 지그프리트가 수태된다[진표틀리의 탄생 이야기가 지그프리트의 탄생 이야기로 바뀌었다].

"칼로 누이를 얻어 둘이 하나가 되었으니, 벨중 혈통은 이렇게 꽃피어나라!" 오누이는 이렇게 노래한다. 세상의 모든 관습을 깨면서 수태된 지그프리트는 순도 높은 보탄의 손자가 될 것이다.

❧ 부부싸움 – 보탄의 고뇌: 전투의 결말을 뒤집다

이튿날 아침 보탄은 의기양양한 모습이다. 자기가 오래 전부터 기획한 대로 지난밤에 오누이가 사랑의 밤을 보냈다. 보탄은 아끼는 딸 발퀴레 브륀힐데를 불러서 오늘 지그문트와 훈딩 사이에 벌어질 결투의 결말을 지시한다. "지그문트에게 승리를 주어라."

하지만 곧 이어 보탄의 아내 프리카[=프리크] 여신이 나타났다. 간밤에 일어난 사건을 두고 프리카 여신은 단단히 화가 났다. 결혼을 수호하는 여신인 그녀로서는 남편의 하는 일이 원래도 자주 못마땅했다. 그가 바람피운 행적을 일일이 나열할 필요는 없지만, 그래도 어쨌든 여신 에르다와의 관계는 눈감아준다 쳐도, 체통머리 없이 저 인간 여자와의 사이에 얻은 쌍둥이 오누이는 눈엣가시 같았는데, 그것들이 지난밤에 간통과 근친상간을 한꺼번에 저질렀으니, 프리카가 단단히 화날 만도 했다.

어차피 보탄은 에르다와의 사이에서 얻은 아홉 명의 발퀴레들을 전쟁터에서 수족처럼 부리는 데다가, 그중에서도 브륀힐데는 거의 자신의 분신처럼 아낀다. 보탄이 사랑하는 딸 브륀힐데는 "보탄의 의지意志"라고 일컬어진다. 프리카는 오늘 이 발퀴레 브륀힐데가 프리카의 거룩한 명예를 보호할 것과, 보탄도 지그문트에게서 보호하는 손길을 거둘 것을 당당히 요구한다.

보탄이 대꾸한다.

"그[지그문트]가 내 칼을 찾아냈으니, 나는 그를 쓰러뜨릴 수 없소."

"그 칼에서 마법을 없애고, 그 칼을 부러뜨려요."

아내의 정당한 요구에 보탄은 하는 수 없이 동의한다. 그는 자신의 결정을 번복해서 지그문트 아닌 훈딩에게 승리를 주겠노라 약속한다.

보탄은 다시 만난 브륀힐데에게 자신의 안타까운 처지를 길게 설명한다. 여기서 비로소 보탄의 오랜 고뇌가 모조리 밝혀진다. 잠깐 들어보자.

✧ 보탄의 계획

보탄은 계약의 신으로서 스스로도 계약으로 묶여 있다. 하지만 그는 발할 성을 건설한 거인들에게 계약조건대로 프라야를 대가로 지불할 마음이 없었다. 그것이 시작이었다.

저 난쟁이 알베리히에게서 강제로 반지를 빼앗았을 때 세상의 균형을 되찾기 위해서는 그것의 원래 주인인 라인의 딸들에게 돌려줘야 했을 테지만, 프라야를 빼앗길 위기에서 보탄은 그러지 않고 반지를 발할 건축비로 지불했다. 계약에 묶여 있는 보탄은 자기가 대가로 지불한 반지를 파프너에게서 손수 되찾을 길은 없다. 하지만 반지를 되찾아 복수할 길만을 꾀하는 밤의 세력 알베리히가 반지를 되찾는 날에는 대체 세계는 어찌 될까?

에르다 여신이 갑자기 땅에서 솟아나 세계의 종말을 예언했을 때, 보탄은 속으로 종말을 막을 궁리를 시작했었다. 먼저 정확한 정보를 알기 위해 에르다를 찾아갔다. 사랑으로 그녀의 마음을 얻고 그 결과로 아홉 명의 발퀴레들이 태어났다. 보탄이 알아낸 바에 따르면, 알베리히가 반지를 차지하면 보탄의 세계는 필히 멸망한다. 그러니 보탄으로서는 어떻게든 반지가 알베리히에게 돌아가는 것을 막아야 하고, 가능하다면 자기가 손수 그것을 되찾는 것이 가장 안전하다. 다행히도 반지[=라인의 황금]를 라인의 딸들에게 돌려줄 수만 있다면 멸망을 피할 희망이 있는 셈이다.

반지를 되찾기 위해 보탄의 다음 궁리가 나타난다. 보탄의 보호를 전혀 받지 않고 자란 후손이 등장하여 반지를 차지하게 한다는 것이 그의 계획이다. 이런 속셈을 품고 보탄은 벨제라는 이름으로 인간 여인과 관계를 맺어 쌍둥이 오누이를 얻었다. 보탄은 여기서 아무 말도 안 하지만, 지난 밤 이들 오누이 사이에서 거의 순혈에 가까운 손자 지그프리트가 수태되었으니, 실은 아직 희망이 남아 있는 셈이다.

다만 보탄은 아내에게 밀려 오늘 전투 결과를 번복해야만 하는데, 그것이 못마땅하여 심기가 몹시 불편하다. 당연하다. 가엾은 아들 지그문트의 죽음을 아버지가 좋아할 리가 있겠는가?

보탄의 탄식이 끝난 다음 브륀힐데가 오늘 전투에 대한 보탄의 정확한 지시를 묻자 보탄은 먼저 내린 지시를 번복한다. "훈딩에게 승리를 주어라."

✧ 지그문트의 죽음

지그문트와 지글린데는 오늘 아침 일찍 훈딩의 집을 떠나 도망치는 중이다. 다만 지글린데는 끔찍한 죄책감에 시달린다. 남편을 배신한 것과 자신이 쌍둥이 오빠-애인에게 어울리지 않는 여자라는 자격지심까지 합쳐져서 그녀는 마음이 몹시 괴롭다. 이제 남편이 자기들을 뒤쫓는데, 괴로운 착란증에 빠진 지글린데가 잠시 기절한 사이, 발퀴레 여신 브륀힐데가 지그문트의 눈앞에 나타난다.

이들은 물론 이복 남매다. 브륀힐데는 자기를 본 전사는 오늘 전투에서 죽어 발할로 올라가게 된다고 지그문트에게 설명한다. 지그문트가 대꾸한다.

"내가 지닌 이 칼이 승리를 보장한다."

"그 칼을 선물한 분이 너의 죽음을 결정했다."

이런 발퀴레의 말에 지그문트는 보탄이 자기를 버렸음을 깨닫고, 자기만 믿는 쌍둥이 누이를 먼저 죽이고 자기도 죽겠노라고 대답한다.

"아니, 누이는 너의 사랑의 담보를 뱃속에 지녔다."

"그럼, 두 목숨을 한 번에 뺏어야겠군."

브륀힐데는 그것만은 용인할 수가 없다. 지글린데가 죽으면 보탄의 마지막 희망인 순혈 손자도 죽는 것인데, "보탄의 의지"인 브륀힐데가 그것을 방치할 수는 없는 것이다. 그래서 브륀힐데는 과감한 결정을 내린다.

"나는 오늘 너 지그문트를 위해 싸울 것이다. 영웅이여, 너의 칼을 맘껏 휘둘러라!"

지그문트는 그 말에 힘을 얻고 지글린데를 죽이지 않는다. 브륀힐데는 아버지 - 전쟁신 보탄의 명령에 반하는 행동을 하기로 결심했으니, 그녀 또한 운명의 선택을 했다.

저기서 훈딩 패거리가 나타났다. 오늘 훈딩은 프리카의 후원에 의해 보탄의 보호를 받는다. 훈딩과 지그문트가 싸우는데, 지그문트 뒤에 발퀴레 브륀힐데의 모습이 보인다.

지그문트가 칼로 훈딩을 내리치려 할 때, 훈딩의 뒤에서 보탄이 갑자기 모습을 드러내며 창을 쳐든다. 브륀힐데가 놀라 뒤로 물러선 순간 보탄의 창이 지그문트의 칼을 부러뜨린다. 보탄의 창이 보탄의 칼을 부러뜨린 것이다. 그 순간 훈딩이 지그문트를 죽인다. 이어서 훈딩 자신도 보탄의 손짓 하나로 쓰러져 죽고 만다.

⚡ 브륀힐데가 받는 형벌

지그문트가 죽자 브륀힐데는 재빨리 동강난 칼 두 조각을 수습하고 정신이 오락가락하는 지글린데를 이끌어 말에 태우고 아버지의 분노를 피해 도망친다. 두 사람은 발퀴레들이 모이는 장소로 간다. 브륀힐데가 도착하니 이제 발퀴레들 아홉 명이 모두 모였다. 다른 발퀴레들은 오늘의 전사자들을 데려왔는데, 브륀힐데는 살아 있는 여자를 데려왔다. 이미 아버지의 명령을 어긴 채로 말이다.

발퀴레들은 아버지의 분노가 두려워 브륀힐데를 돕기를 꺼리는데, 정신을 차린 지글린데는 자기도 사랑하는 지그문트를 따라 죽게 해달라고 애원한다. 그녀의 태중에 지그문트의 자식이 자란다는 브륀힐데의 설명에 지글린데는 태도를 완전히 바꿔 살려달라고 애원한다. 브륀힐데는 그녀에게 동쪽으로 도망치라고 이르면서, 전쟁터에서 수습해 가져온 칼 두 조각을 건네준다. 그리고 아들이 태어나면 그 이름을 "지그프리트"로 지으라고 한다.

지글린데는 서둘러 동쪽으로 향한다. 동쪽에 파프너의 동굴이 있으니, 보탄은 그곳으로 향하기를 꺼리기 때문이다.

그 순간 보탄이 노기등등하여 나타났다. 그가 브륀힐데에게 내린 형벌은 다음과 같다.

"이제 너는 여신의 자격을 잃었고, 아버지와의 결속도 영원히 깨졌다. 너는 여기 바위산에 잠들었다가 누구든 너를 깨우는 사내를 따르도록 하라."

브륀힐데가 항의한다.

"저는 아버지의 명을 어겼지만, 실은 아버지의 속마음을 실행에 옮겼죠."

보탄의 노기가 누그러진다. 아버지와 영원히 작별하는 브륀힐데는 마지막 부탁을 한다. 바위산을 불로 둘러싸서 "오직 두려움을 모르는 가장 자유로운 영웅"만이 자기를 찾아낼 수 있게 해달라고 말이다. 보탄은 그것을 허락한다. 그는 작별의 키스로 브륀힐데의 신격神格을 빼앗고, 그녀는 아버지의 품에서 잠든다. 보탄은 무장한 딸을 암벽 위에 눕히고, 그녀의 몸 위에 방패를 올려놓는다.

그리고 불의 신 로게[=로키]를 불러 암벽을 불길로 둘러싸게 한다.

지그프리트가 수태되었다.
보탄의 세계는 구원을 받을까?
아니면 몰락에 이르고야 말까?
미래를 위한 밑그림이 만들어졌다.

제3부

용을 죽인 영웅

지구르트

레긴과 지구르트

먼 옛날 반지의 주인 안드바리의 보물을 독차지한 파프너가 보물을 짊어지고 그니타 황야로 떠났었다. 공포투구를 쓴 형을 보고 두려움을 느낀 동생 레긴은 그보다 먼저 도망쳤다. 하지만 레긴은 저 보물을 절대로 잊을 수가 없었다. 아버지에 뒤이어 형마저 자기에게 단 한 조각 보물조차 나누어 주지 않은 것도 기막힌 일이었다. 원망과 욕망이 난쟁이 마음을 온통 사로잡았다. 저주받은 보물은 그것을 차지한 자의 마음을 욕심으로 가득 채웠지만, 차지하지 못한 자의 마음은 더 큰 욕망으로 채웠다.

레긴은 파프너가 자리 잡은 그니타 황야에서 멀지 않은 곳 히얄프레크 왕의 궁으로 들어와서 왕의 대장장이가 되었다. 보물에서 멀리 떨어져서는 살 수가 없었던 모양이다. 레긴은 마법도 익혔고, 또한 매우 영리했다. 훌륭한 대장장이 솜씨까지 갖추었으니 왕의 특별한 대우를 받았다. 그는 자기 대장간에서 왕과 왕의 군대를 위해 여러 장신구와 무기를 만들었다.

어린 지구르트는 히얄프레크 왕의 궁정에서 자랐다. 지구르트는 왕의 보호 아래 있기는 했으나, 부모가 없으니 고아나 다름없었다. 그는 자라면서 자주 대장간을 찾았고, 대장간과 대장장이 레긴을 좋아했다. 어린 소년에게 대장간은 놀이터 겸 학교였다. 언제부턴가 그는 늘 레긴과 함께했고 레긴이 그를 보살폈다.

레긴도 용감하고 튼튼한 지구르트를 좋아했다. 레긴은 옛날 난쟁이 안드바리가 지녔던 보물과, 그 보물을 지금은 파프너라는 용이 지키고 있다는 이야기를 어린 지구르트에게 들려주고는 했다. 물론 용이 갖고 있는 공포투구 이야기도 했다. 용이 아가리에서 독기를 뿜어내니 두려운 존재지만, 누구든 특히 그 투구를 보면 겁에 질려 아예 덤비지도 못한다는 것이다.

지구르트가 자라 성년에 이르자 레긴은 온갖 솜씨를 다해서 그람이라는 이름의 칼을 만들어 주었다. 그람은 명검이었다. 지구르트가 칼을 들고 라인 강으로 나가 강물 속에 서서 물에 떠내려 오는 양털뭉치를 보고는 칼을 그 앞에 갖다 대자 양털뭉치가 둘로 쓱 갈라졌다. 그만큼 칼이 잘 들었다. 그런 다음 지구르트가 레긴의 쇠모루를 칼로 내리치자 모루가 둘로 나뉘었다. 그만큼 칼이 튼튼했다. 쇠도 가를 정도였다.[1]

칼을 만들어 준 레긴은 어서 용을 죽이러 가자고 지구르트를 부추겼지만 어린 지구르트가 어른인 레긴보다 더 의젓했다. 그는 보채는 레긴에게 이렇게 대꾸했다.

"흠, 아버지의 원수를 갚기보다 붉은 황금 찾는 걸 더 원한다면 훈딩의 아들들이 비웃겠는걸."

그는 무엇보다 먼저 아버지를 죽인 원수를 갚고 싶었다. 링비와 그 형제들에게 복수를 하고 싶었다. 이들 훈딩 가문의 형제들이 쳐들어와서 아버지와 외할아버지가 그들과 싸우다가 죽었다. 지구르트가 아버지와 외할아버지의 원수를 갚으려 하자, 히얄프레크 왕은 궁정의 말 사육장에서 튼튼한 말 한 마리를 고르라고 했다. 지구르트는 잿빛 말 한 마리를 골랐고, 이 말에 "그라

---

1 〈뷜중 전설〉의 설명은 사뭇 다르다. 레긴이 지구르트에게 칼을 만들어 주었는데, 그 칼은 튼튼하지 못했다. 지구르트가 칼을 모루에 한 번 내리치자 칼이 산산조각 나고 말았다. 두 번째 칼도 마찬가지였다. 하는 수 없이 지구르트는 어머니를 찾아가서 아버지 지그문트의 칼에 대해 물었다. 어머니는 죽어가는 지그문트가 남긴 동강난 칼의 조각을 내주었다. 지구르트가 그것을 가지고 돌아와 레긴에게 주니 레긴이 그것으로 새로 칼을 벼렸다. 새 칼의 칼날에서 이상한 빛이 번쩍였다. 지구르트가 칼로 모루를 내리치자 모루가 둘로 갈라졌다. 이어서 강으로 나가 양털뭉치도 잘랐다.
물론 〈뷜중 전설〉의 이야기가 더욱 논리적이다. 용을 죽이려면 특수한 칼이 필요할 테니 말이다. 그것이 오딘 신이 내린 보물 칼이라면 이야기가 잘 들어맞는다.

니"라는 이름을 붙였다. 이제 지구르트는 튼튼한 말과 명검을 갖추었다. 왕은 아버지의 복수를 원하는 젊은 지구르트에게 배와 선원들을 내주어 길을 떠날 수 있게 해주었다.

지구르트는 배를 타고 길을 떠났다. 그리고 링비와 형제들을 만나 큰 전투를 치른 끝에 그들을 모조리 죽였다. 매우 잔인한 방법으로 원수를 갚았는데, 세부사항은 생략하기로 한다.

고아처럼 자라 아버지의 원수를 갚았으니 지구르트는 영웅으로서 자기증명을 해냈다. 지그문트가 오딘의 후손이니 지구르트 또한 오딘의 후손으로서 신의 혈통을 입증한 것이다.

'그라니'라는 튼튼한 말과 명검을 갖춘 지구르트는, 아버지의 원수를 갚기 위해 길을 떠났다. 그라니에게는 물론 날개가 없지만 지구르트가 타면 마치 날개라도 달린 듯 불꽃성벽도 뛰어넘는다.

용을 죽이고
용의 피를 맛보다

지구르트가 무사히 집으로 돌아오자 기다리고 있던 레긴이 용을 죽이러 가자고 지구르트에게 다시 재촉을 해댔다. 제 힘만으론 용에 맞서 아무것도 해볼 수 없을 테지만, 이제 다 자란 용감한 지구르트의 힘을 이용해 용을 죽일 수 있겠다는 생각이 들자 레긴은 점점 초조해져서 잠시도 기다릴 수 없었다. 마음속으로는 지구르트가 용을 죽이면 어떻게든 "저 어린놈을 처치하고 보물을 독차지해야지." 하는 생각뿐이었다. 형을 원망하고 미워하는 마음과 보물을 독차지하려는 욕망에 붙잡혀 마음속에서 여러 생각이 꿈틀거렸다.

아버지의 복수를 마친 지구르트는 레긴의 안내를 받아 둘이 함께 그니타 황야로 갔다. 그곳에서 용의 동굴 근처에 이르자 용이 물을 마시러 오간 길이 보였다. 오랜 세월 같은 길을 오가다 보니 길이 깊숙이 패었다. 레긴은 멀찍이 자리를 피하고, 지구르트는 용이 오간 길가 적당한 자리에 구덩이 하나를 파고는 그곳에 몸을 숨기고 기다렸다.

용이 황금의 곁을 떠나 물을 마시러 갈 때에 용이 뿜는 독기가 지구르트의 머리에 닿았다. 방패로 그것을 막았다. 그는 공포 투구를 쓴 용의 모습에도 별다른 두려움을 느끼지 않았다. 용이 지구르트가 숨어 있는 구덩이 위를 스쳐 지나갈 때 지구르트는 잘 드는 칼 그람을 용의 심장에 쑤셔 넣었다. 칼은 튼튼한 비늘로 덮인 용가죽을 뚫고 들어가 심장을 깊이 찔렀다.

파프너-용은 고통에 신음하며 몸을 흔들고 머리와 꼬리를 채찍처럼 마구 내리쳤다. 지구르트는 재빨리 구덩이에서 뛰어 나와 용이 휘두르는 채찍을 피했다. 그러다가 용과 젊은이의 눈이 서로 마주쳤다. 죽어가는 파프너-용과 젊은이 사이에 잠시

대화가 이루어졌다.[2]

　"아이야, 아이야, 어떤 아이가 너를 키웠느냐,

　파프너의 붉은 피를 칼에 묻힌

　넌 누구의 아들이더냐?"

　지구르트는 자신의 이름과 출신을 밝히고 싶지 않았다. 죽음을 맞이하는 자가 원수의 이름을 넣어 저주의 말을 내뱉으면 그중 많은 것이 이루어진다고 믿었기 때문이다. 그런데도 결국 그는 제 이름과 아버지 이름을 말했다.

　"넌 내 출신과 나를 모를걸.

　너를 찌른 내 이름 지구르트, 내 아버지는 지그문트다."

　"누가 너를 부추겨 내 목숨을 노리라고 하더냐,

　너 맑은 눈의 아이야?"

　용은 아직 어린 지구르트가 세상의 더러움에 물들지 않은 순수한 젊은이임을 알아보았던 것이다.

　"용기가 나를 부추기고 두 손과 예리한 칼이 나를 도왔지."

　"넌 원수의 말을 잘 이해할 테지만,

2　파프너와 지구르트의 대화는 《에다》의 "파프니르의 노래"의 일부를 거의 그대로, 다만 읽기 쉽게 우리말로 옮긴 것이다. 아래에 이어지는 새들의 노래도 마찬가지. 《에다》가 지닌 아름다운 문학적 표현들을 여기서 맛볼 수 있다.

난 지혜의 말을 해줄게.

아름다운 울림이 나는 황금, 타는 듯 붉은 보물,

이 보물은 너를 죽일 거다.”

“흥, 어차피 누구나 결국은 명부로 가는걸.

그래도 누구나 보물을 차지하려 하지.”

“노른 여신이 던지는 죽음의 판결을 받게 될 거야,

어리석은 바보의 운명 말이다.

순풍에 노를 젓다가도 물에 빠져 죽을걸,

죽음의 운명을 받으면 세상 모든 게 위험이란다.”

할 말을 잃은 지구르트는 몇 가지 엉뚱한 질문을 내놓았다. 하지만 죽어가는 자는 시간이 없었다. 파프너는 제 할 말을 계속했다.

“난 공포투구를 쓰고 보물을 지켰다.

내가 세상 그 누구보다도 더 강하다고 여겼지.

독을 뿜어 위대한 내 아버지의 유산을 지켰다.”

그런데도 아무 소용없이 이제 때 이른 죽음을 맞이하게 된 것이다. 반지의 저주를 느끼고 있던 용은 죽기 전에 젊은이에게 그 사실을 알려주려고 했다.

“번쩍이는 용아, 너는 크게 쉿 소리를 내며 대담한 마음을 지넸었다."

"그러니 지구르트야, 네게 충고 하나 해줄게.

그냥 말을 타고 어서 여기를 떠나렴.

아름다운 울림이 나는 황금, 타는 듯 붉은 보물,

이 보물이 너를 죽일 터이니."

"너야 그렇게 충고하지만, 그래도 난 황금 있는 곳으로

갈 테야. 너 파프너가 죽음과 싸우다,

결국 헬의 왕국으로 가는 동안에 말야."

헬의 왕국이란 죽은 자들을 거두는 명부를 말한다. 파프너가
마지막으로 말했다.

"레긴이 나를 배신했거든. 놈이 너도 배신할 거야.

놈이 우리 둘을 모두 죽일 거다.

이제 파프너는 목숨이 다했다.

너의 힘이 더 강했기에."

죽어가던 용은 자기를 찌른 지구르트를 저주하지 않고 그에
게 지혜의 말을 던졌다. 보물이 지닌 저주의 힘을 느꼈기에 젊디
젊은 영웅에게 진실한 충고를 해주었지만, 지구르트는 그 말을
들을 생각이 없었다. 레긴이 어린 시절부터 너무나 자주 보물 이

야기를 들려주어서, 그의 어린 마음에도 욕망이 싹텄던 것일까? 어차피 이토록 겁 없고 강한 젊은이가 지혜로운 어른의 말을 듣는 일이 있던가?

레긴은 지구르트가 파프너를 죽일 때 멀찌감치 도망쳐서 숨어 있었다. 그러다가 지구르트가 칼에 묻은 용의 피를 풀에 문질러 닦아내고 있을 때 돌아왔다.

"지구르트 만세! 네가 승리하고 파프너가 쓰러졌네.

세상에 돌아다니는 사내들 중에 네가 제일 겁 없는 놈이구나."

"승리하는 신의 아들들이 모조리 모인다면

누가 제일 겁이 없을지는 알 수 없지.

어떤 이는 남의 가슴을 칼로 찔러

붉은 피를 보지 않고도 용감하니까."

"기뻐해라, 지구르트야, 칼에 묻은 피를 닦아내는 동안만이라도 승리를 기뻐하렴. 네가 우리 형을 죽였지만, 나도 일부 책임이 있지."

"아저씨가 내게 그러자고 해서 그 높은 산들을 넘어서 온 건데…. 아저씨가 내 용감한 마음을 안 믿었더라면 번쩍이는 용은 아직 목숨과 보물을 지키고 있을 터인데….”

　레긴은 아무 말 없이 파프너의 시신으로 다가가서 자신의 칼
로 용의 심장을 도려내고는 그 상처의 피를 마셨다. 그는 죽은
용에게서 힘과 용기를 나누어 받아 형을 죽인 자에게 복수할 셈
이었다. 그에게는 혈육의 죽음에 복수할 명분이 있었지만 물론
그 다음에는 혼자서 보물을 차지할 셈으로 말이다.

　“나는 잠자러 갈 테니, 너는 여기 앉아 파프너의 심장을 불에
구워다오. 난 지금 이 피를 마셨으니, 그 심장도 맛볼 셈이다.”

새들의 노래

　지구르트는 파프너의 심장을 받아 꼬치에 꿰었다. 불에 한참 구워서 이제 다 익었으려니 생각하는데, 심장에서 즙이 부글거리며 솟아나는 것을 보고는 "제대로 익었나?" 생각하며 손가락으로 심장을 꾹 눌렀다가 뜨거운 즙에 손가락을 데었다. 덴 손가락을 잽싸게 입안에 넣자 용의 심장에 들어 있던 피가 지구르트의 혀에 닿았다.

　아직 덜 익었나 보다 생각하고 용의 심장을 조금 더 익히는데, 나뭇가지에서 지저귀는 박새의 말소리가 갑자기 그의 귀에 또렷하게 들려왔다. 용의 피를 맛본 지구르트가 새의 말을 알아듣게 된 것이다. 새들의 지저귐 속에는 새들의 말이 들어 있었다.

　먼저 새 한 마리가 이렇게 노래했다.

"저기 지구르트가 앉아 파프너의 심장을 굽네.

빛을 내는 살덩이를 지가 먹으면 좋으련만."

또 다른 박새가 노래했다.

"저기 레긴이 누워 생각에 잠겼네. 자신을 믿어주는 사내를

배신할 셈이구나. 분노에 가득 차서 나쁜 생각으로 간계를 꾸미

는 대장장이가 형의 죽음에 복수할 생각이네."

이어서 세 번째 박새가 노래했다.

"늙은 수다쟁이의 머리를 잘라 헬의 나라로 보내라! 그럼 파프너가 깔고 있던 엄청난 황금을 혼자서 차지할 텐데."

네 번째 박새가 노래했다.

"자매들의 친절한 충고를 그가 이용한다면 영리한 일이련만.
후긴과 늑대가 기뻐할 것인데."

까마귀 후긴과 늑대는 모두 오딘의 상징동물이니, 지구르트가 보물을 차지한다면 오딘이 기뻐할 것이라는 뜻이다. 지구르트는 오딘 신의 직계후손이다.

다섯 번째 박새가 노래했다.

"형제 하나를 죽여놓고 다른 형제를 살려준다면,
영리하지 못한 일이지."

여섯 번째 박새가 노래했다.

"종족을 파괴하는 원수를 살려둔다면 정말 미련한 일이야.
저기 그를 배신하기로 마음먹은 레긴이 누워 있네."

일곱 번째 박새가 노래했다.

"그 머리를 잘라서 냉혹한 거인족의 반지를 차지하지 못하게 하라. 그러면 파프너가 지녔던 보물이 제 것이 될 터이니."

이렇듯 수다스런 새들의 조잘거림을 듣고 있던 지구르트가 벌떡 일어나서는 누워 있던 레긴의 목을 쳤다. 이어서 불에 굽던 파프너의 심장을 자신이 먹고, 파프너와 레긴 두 형제의 피를 마셨다. 불쌍한 레긴은 반지를 손가락에 끼어 보지도 못한 채 지구르트를 죽일 생각에 빠져 있다가 스스로 죽었다. 용감한 지구르트는 이들 태고의 형제를 단번에 처치해 버렸다.

그러고는 박새의 다음 노래를 기다렸다.

박새들이 다시 노래했다.

"지구르트야, 붉은 반지와 보물을 차지해라.

두려움이 많으면 왕이 아니지.

세상에서 가장 아름다운 여인을 내가 알고 있네.

황금을 차지한다면, 너는 그 여인을 차지할 수 있어."

다시 박새가 노래했다.

"초록 길이 기우키의 나라로 안내한다.

떠도는 자에게 운명이 미리 주어졌나니,

뛰어난 왕이 딸을 키운 그곳.

지구르트야, 너는 그녀를 차지할 거야."

또 다른 노래가 들렸다.

"높은 언덕 위에 궁성 하나 서 있네,

바깥쪽이 온통 불로 둘러싸였어.

지혜로운 사내들이 빛나는 황금으로 만든 성이야."

"산 위에는 전투종족[=발퀴레]이 누워 있네,

그 모습 위로 불꽃이 넘실거려.

오딘이 그녀를 가시로 찔렀어.

아마亞麻 여신[=여신을 가리킴]이 그[=오딘]가 바라던 것과 다른 엉뚱한 사내를 쓰러뜨렸거든."

"하늘을 나는 말을 타고 전쟁터를 누빈 그 투구 아래서 넌 아가씨를 볼 거야. 다른 이들은 아무도, 노른이 내린 운명의 주문에 맞서 그녀의 잠을 깨우지 못하지."

박새들의 말은 차츰 소리는 알아들어도, 도무지 뜻을 종잡을 수 없도록 변해가고 있었다. 그것은 앞일을 예고하는 내용이니, 젊은 지구르트가 못 알아듣는 것도 너무나 당연했다. 지구르트는 다 듣고 나서 파프너의 흔적을 따라 동굴 안으로 들어갔다. 그곳 용의 튼튼한 보금자리에서 그는 반지와 황금과 보물을 찾아냈다. 이제 그는 안드바리 보물의 주인이 되었다.

지구르트는 저 특별한 반지를 손가락에 끼고, 용이 지녔던 보물을 두 개의 짐으로 단단히 꾸려서 튼튼한 말 그라니의 등에 실었다. 그런 다음 저도 말에 올라타고 길을 떠났다. 덕분에 한 때는 "아제들의 비상금"이라 불리던 이 황금은 다시 여러 이름을 얻었다. 이번에 얻은 이름은 "파프너의 침상", "그니타 황야의 먼지", "그라니의 등짐" 등이었다.

불꽃성벽 속에 잠든
발퀴레 여신 브륀힐데

지구르트는 새들의 노래를 잘 들어두었다. 이 보물을 지니면 세상에서 가장 아름다운 여인을 차지할 수 있다고 새들이 노래했지. 그는 남쪽으로 길을 잡았다. 말을 달리는데 산 위쪽에서 마치 저 하늘 끝까지 불이 타오르는 것처럼 훤한 빛이 보였다.

그곳으로 올라가 보니 거기에는 방패성벽이 세워져 있고 그 한가운데 깃발 하나가 꽂혀 있었다. 방패성벽이란 용사들이 방패를 맞대고 둥글게 늘어서서 성벽을 이룬 것을 말한다. 또는 이것은 둥글게 원을 이룬 "불꽃 울타리"를 뜻하는 은유다. 즉 불꽃성벽이라 할 수 있다. "마치 불이 타오르는 것처럼"이란 표현에 이미 드러나 있다.

지구르트가 방패성벽, 또는 높이 타오르는 불꽃성벽 안으로 들어가 보니 그 안에는 한 사내가 갑옷을 입고 투구까지 쓴 채로 잠들어 있었다. "참 불편하게 자고 있네." 이런 생각이 들어 지구르트는 잠자는 이의 머리에서 투구를 벗겨냈다. 그러자 아름답고 긴 머리카락이 쏟아져 나왔다. "아니, 여잔데?" 젊은 지구르트는 가슴이 몹시 두근거렸다.

갑옷은 너무 단단히 묶여서 마치 살과 하나가 된 듯했다. 그는 명검 그람을 꺼내 갑옷을 목에서부터 아래까지 죽 가르고 이어서 양팔도 갈랐다. 칼은 마치 헝겊인 양 쉽사리 금속을 갈라버렸다. 정말이지 갑옷을 입고 잠든 이는 아름다운 여자였다. 그녀는 죽음처럼 깊고 깊은 잠에 빠져 있었다. 아무리 흔들어도 깨어나지 않았다.

한없이 두근거리는 가슴으로 지구르트는 잠든 여인을 들여다보다가 그 입술에 살포시 키스를 했다. 설레는 첫사랑의 키스, 눈꺼풀이 파르르 떨리며 여인이 천천히 잠에서 깨어났다. 하지만 그녀는 여전히 어리둥절했다.

"대체 무엇이 갑옷을 가르고, 내가 어떻게 잠에서 깨어난 거지? 누가 내게서 깊은 잠과 갑옷 사슬을 풀어준 걸까?"

지구르트가 대답했다.

"지그문트의 아들 지구르트의 칼이 그 무거운 잠과 갑옷을 갈라냈소."

여인의 기억이 느리게 돌아왔다.

"아, 오딘 신이 내게 잠의 마법을 걸었지, 난 그걸 깨뜨릴 수가 없었고."

한참만에야 여인은 자기가 깨어난 것을, 되살아난 것을 실감했다.

"오, 낮이여, 낮의 아들들이여, 만세!

밤과 그 친족들이여, 만세!

아제 신들과 여신들, 만세, 대지여, 만세!

유명한 우리 두 사람에게 능변과 지혜가

치유의 손길을 주리, 우리 살아 있는 동안에!"

그녀는 원래 발퀴레 여신이었다. 발퀴레 여신이란 하늘을 나는 말을 타고 날아다니며, 전쟁터에서 용감하게 싸우다 죽은 전사들의 혼령을 오딘의 궁전인 발할로 데려가는 역할을 맡은 여신들이다. 이들은 혼자 다니지 않고 3의 배수를 이루어 여럿이 함께 돌아다니는 여신들이다. 주로 전쟁터의 하늘을 날아다니며 오딘의 명을 받아, 서로 맞서 싸우는 용사들 중 누가 이기고 질지 그 승패를 정하기도 했다.

　잠에서 깨어난 발퀴레는 자신의 원래 이름이 "힐데Hilde"라고 했다. "브륀네Brünne" 또는 "브륀Bryn"은 "갑옷"이라는 뜻인데, 이후로 그녀는 브륀힐데Brünhilde라는 이름을 쓰게 되었다. 그러니까 "갑옷의 힐데"다.[3]

3　출전에는 "지그르드리파Sigrdrifa"라는 이름도 나온다. 이는 "승리를 주는 여인"이라는 뜻. 하지만 이 이름은 몇 군데만 나오고, 나머지 모든 시편에서 브륀힐데라는 이름이 쓰인다.

발퀴레 여신 브륀힐데는 두 왕이 전투를 벌이고 있을 때 오딘 신이 승리를 주기로 한 왕에게 승리를 주지 않고 오히려 그를 전사하게 만들었다가 오딘의 벌을 받았다. 오딘은 그녀를 잠드는 가시로 찔러 깊은 잠에 빠뜨려서 다시는 승리를 결정하는 일을 하지 못하게 만들었다. 즉 발퀴레의 신격神格을 빼앗은 것이다. 게다가 그녀가 장차 어떤 사내와 혼인할 것이라고 정해 주었다.

하지만 잠들기 직전에 브륀힐데는 오딘 신을 향해 얼른 이렇게 맹세했다.

"전 맹세해요. 두려움을 느끼는 사내와는 혼인하지 않겠어요."

브륀힐데의 이런 혼인 조건은 유럽의 중세문학에 나오는 여러 형태의 브륀힐데 이야기들에 그대로 남았다. 그래서 산 위의 브륀힐데는 우리 텍스트에서는 방패성벽 또는 불꽃성벽 안에 잠들어 있다.《에다》의 다른 텍스트에서도 불에 둘러싸이고, 또 동화에서는 가시나무 울타리가 그녀가 잠든 장소를 둘러싼다. 또는 서사시 〈니벨룽엔의 노래〉에서는 구혼자가 그녀와 겨루어 그녀를 이겨야 혼인할 수 있다. 그녀를 이기지 못한 구혼자는 목숨을 빼앗겼다. 이 모든 장치는 한결같이, 두려움을 모르는 자만

이 그녀와 혼인할 수 있도록 만드는 것들이다.

브륀힐데가 내건 조건대로라면 지구르트만이 그녀의 배필이 될 수 있는 유일한 사람이었다. 저 공포투구를 쓴 파프너-용에게 전혀 두려움을 느끼지 않고 덤벼들어 그를 죽였으니 말이다. 그러니까 지구르트는 "두려움을 모르는 영웅", "두려워하지 않는 영웅"이다. 텍스트가 아무 말도 하지 않지만 그가 전혀 문제없이 방패성벽 안으로, 또는 불길을 뚫고 안으로 들어갈 수 있는 것도 그가 이 조건을 충족한 사람이었기 때문이다.

그리고 우리는 이로써 두 사람이 서로 운명의 인연이었음을 알 수 있다. 어울리는 한 쌍이었다. 두려움을 모르는 영웅과, 발퀴레 여신 출신으로 오딘 신의 명령조차 어긴 적이 있는 담대하고 독립적인 여인의 만남이었으니, 북유럽 신화세계 최고 영웅에 어울리는 인연이기도 했다.

그리고 이곳에서 두 사람이 함께 지내는 동안 "승리를 주는 여인" 브륀힐데는 지구르트에게 자기가 아는 온갖 지혜와 의술과 지식을 전수했다. 그녀는 온 세상에서 일어나는 일들을 알고 있었으니 말이다. 그녀는 크고 깊은 지식을 가장 풍부하게 지닌 여인이었다.

생명을 깨우는 봄의 태양 :
지구르트의 키스

주의력이 깊은 독자는 지구르트와 브륀힐데 이야기를 읽으며 "아니 이거 잠자는 숲속의 미녀 이야기 아니야?" 하는 생각이 들었을 것 같다. 그렇다, 맞다. 여기 신화에 등장하는 이야기가 〈잠자는 숲속의 미녀〉의 오리지널이다. 디즈니가 제작한 만화영화 〈잠자는 숲속의 미녀〉는 그림 형제가 수집해서 펴낸 동화집 《어린이와 가정 동화》에 수록된 50번째 동화 〈가시장미 공주Dornröschen〉를 토대로 한 것이다. 열다섯 살에 물레바늘에 찔려서 백 년 동안 잠자는 공주 말이다. 그림 동화집은 오늘날 어차피 인류 전체에 남겨진 문화유산이다.

그림 형제는 이 동화에 원래 다음과 같은 주석을 달아놓았다.

"헤센Hessen에서 수집. 가시넝쿨 성벽으로 둘러싸인 성 안에서 잠자는 공주, 그러다 자격을 갖춘 왕자가 나타나면 가시넝쿨이 열려 그가 안으로 들어와 구원하는 저 잠자는 공주는 옛날 북유럽 전설에 나오는 잠자는 브륀힐데이다. 그녀는 불꽃성벽에 둘러싸였는데, 오로지 지구르트만이 그 성벽을 뚫고 들어와 그녀를 깨울 수 있다. [동화에서] 공주가 찔려서 잠에 빠지는 물레바늘은 [신화에서] 오딘 신이 브륀힐데를 찌른 잠-가시Schlafdorn다."[4]

동화와 전설의 가장 큰 차이 하나는 동화에는 등장인물의 이름이 안 나온다는 점이다. 동화에서는 그냥 공주, 왕자로 충분하던 인물들이 북유럽 신화의 영웅전설에서는 원래의 당당한 이름으로 등장한다. 어려운 이름들이 얼마나 이야기를 이해하는데 방해가 되는지를 안다면 그 이유를 짐작할 수 있다. 이야기가 민간에 널리 퍼지면서 낯설고 힘든 이름들이 떨어져나갔다.

처음에 무척 재미있게만 생각되던 이 이야기를 자세히 음미하면 복잡한 여러 의문들이 떠오른다. 물레바늘에 찔려 잠든 공주가 깨어났을 때는 나이가 이미 115세다. 방금 가시넝쿨을 뚫

---

4 등장인물의 이름들이 미세하게 차이가 나지만 무시한다.

고 들어온 왕자는 기껏해야 스무 살 미만이다. 이야기에서 두 사람은 당연히 결혼한다. 같은 사정이 지구르트와 브륀힐데에게도 해당한다. 설사 겉보기에 두 사람의 나이가 비슷해 보이더라도 브륀힐데의 실제 나이가 훨씬 더 많다. 그런 게 문제가 안 된다면 상관없지만 문제가 된다면 엄청나게 심각한 문제다.

이와 비슷한 이야기가 이미 벨중의 결혼에도 나타났었다. 벨중은 자신의 탄생을 매개하는 오딘의 사과를 아버지에게 운반해 준 발퀴레 여신과 혼인한다. 벨중의 경우 이것은 전혀 문제가 아니었다.

위의 이야기에서 브륀힐데는 오랜 시간 잠들어 있었다. 이런 일은 오늘날의 과학지식을 빌어 설명하는 편이 더 쉬울 것이다. 그러니까 그녀가 초저온으로 동결되어 오랜 세월을 보냈다면 신체적으로 늙지 않은 것을 설명하기가 더 쉬우니까. 하지만 이 이야기가 나오던 옛날엔 그런 기술이 없고, 물론 그런 기술의 가능성을 상상할 수도 없었다.

방금 보았듯이 이런 기묘한 시간구조는 북유럽 신화세계에서는 전혀 낯설지 않다. 오늘날에는 타임 슬립time slip 영화나 이야기가 거의 진부할 정도로 흔하지만, 중세 유럽의 문헌에서 만나는 이런 특이한 시간구조는 어째서 북유럽 신화가 현대 문화

콘텐츠의 원류가 되는 것인지를 한 번 더 설명해 준다.

사정이야 어떻든 이것은 이 이야기의 핵심이다. 죽은 듯이 잠들어 있던 브륀힐데를 깨우는 지구르트는 그녀에게 부활의 생명을 선사한다. 그가 그녀에게서 새로운 생명을 일깨운다. 신화의 순환에서 이런 부활, 또는 재생再生은 매우 중요한 의미를 갖는다.

신화에는 온갖 순환이 나타나게 마련이다. 밤과 낮이 바뀌고, 계절이 순환하고, 삶과 죽음이 오가는 것을 다루지 않을 수 없다. 종교는 예나 지금이나 죽음을 다루고, 신화는 종교에서 나오는 것이기 때문이다. 규모가 큰 신화들은 세계의 시작을 설명하고, 나아가 세계의 종말에 대한 뚜렷한 혹은 은유적인 표상을 드러낸다. 세계의 창조와 종말도 이런 순환에 속한다. 각 개인은 한 번 죽으면 끝이지만, 그것이 세계의 끝은 아니다. 죽음에서 부활하는 생명의 이야기는 많은 신화에 등장한다.

이집트의 오시리스Osiris는 세트Seth의 손에 죽임을 당하고 시신이 갈기갈기 찢겼다. 이시스Isis와 네프티스Nephthys가 열심히 그 시신 조각들을 찾아내 애통해하며 도로 꿰매고, 오시리스는 새로운 생명을 얻어 되돌아온다. 기독교 신화에서도 그리스도는 십자가에서 죽임을 당한 다음 사흘 만에 부활한다.

우리는 살면서 해마다 이런 재생과 부활을 경험한다. 겨울이면 산과 들에 많은 나무가 잎사귀를 잃고 앙상한 나뭇가지에는 물기가 전혀 없어, 슬쩍만 건드려도 가는 가지는 톡톡 부러진다. 꼭 죽은 것만 같다. 하지만 봄이 돌아와 기온이 오르면서 비가 내리고 따사로운 햇살이 비치면, 죽은 나뭇가지에 물이 오르며 새잎이 돋아난다. 우리는 이렇듯 봄이면 부활하는 생명을 눈으로 보고 손으로 만져볼 수 있다.

지구르트는 죽은 듯 잠자던 브륀힐데를 깨운다. 지구르트의 키스는 봄날 따사로운 햇살이 언 땅에 퍼붓는 키스와 같은 일을 한다. 만물을 되살리는 봄의 햇살. 용을 죽여서 명성을 얻은 지구르트는 실은 브륀힐데를 깨워서 더욱 위대한 영웅이다. 죽은 생명을 되살려내는 영웅, 진짜 신화의 영웅인 것이다.

바그너가
이야기를 바꾸다

지그프리트

⚘ 칼 만들기

바그너 작품에서 지그프리트의 삶은 왕가와는 무관해진다. 어린 지그프리트는 미메[알베리히의 동생]의 숲속 대장간에서 자라 이제 성년에 이르렀다. 옛날에 성년이란 빠르면 14세, 또는 고작 16세 정도를 말한다. 여기서 미메는 매우 코믹한 인물이다. 보물을 향한 한 가지 욕망에 붙잡힌 미메 곁에서 아이는 제대로 된 교육은커녕 세상이나 부모에 대해서도 전혀 아는 것이 없이 자랐다.

미메는 다 자란 지그프리트를 위해 칼을 만들어 주려고 하지만 그게 그리 쉽지가 않다. 그의 솜씨가 아무리 훌륭해도 쇠가 튼튼하지 못하니, 아무리 좋은 칼을 만들어 주어도 힘이 장사인 지그프리트가 모루에 한 번 내리치기만 하면 칼이 동강나며 부러지고 만다. 물론 지그프리트의 어머니 지글린데가 가져온 지그문트의 동강난 칼이 그에게 있다. 하지만 미메는 보탄의 선물이기도 한 이 칼의 동강으로는 새로운 칼을 만들 수가 없다.

숲에서 천진하게 뛰어놀며 자란 지그프리트는 더는 미련스러운 미메를 참을 수가 없어 이곳을 떠나 세상으로 나가고 싶어한다. 어느 날 지그프리트는 미메에게 부모에 대해 물었다. 미메는 대답을 안하려고 질질 끌다가 지그프리트가 윽박지르자 힘에 밀려 할 수 없이 대답한다. 그의 어머니는 미메의 대장간에서 아이를 낳다가 죽었다고 했다. 그나마 지그프리트는 미메가 자신의 아버지가 아니라는 말에 뛸 듯이 기뻐한다. 다행히도 아버지가 남겼다는 노퉁의 조각들도 보았다. 지그프리트는 그 동강난 칼 조각으로 어서 칼을 만들어 달라고 미메에게 부탁하고는 숲으로 뛰어나가 버렸다.

아무리 해도 동강난 칼 두 조각을 땜질로 이어 붙여 새로운 칼로 만들 길이 없어 고민하는 미메의 대장간에 나그네 복장의 애꾸눈 보탄이 들어온다. 미메가 귀찮아하는데도 나그네는 제 목숨을 걸어놓고 세 번의 질문을 허용한다. 신과 난쟁이 사이에 수수께끼 놀이가 시작된다. 목숨이 오가는 중요한 순간에는 올바른 질문을 할 줄을 알아야 하건만! 미메는 멍청하게도 이것을 문답놀이로만 받아들이고, 신을 어서 자기 동굴에서 내쫓을 궁리뿐이라 세 번이나 주어진 기회를 놓치고 만다. 쓸모없는 질문만 해댄 것이다. 그러곤 게임에 져서 목숨을 잃을 처지가 된다.

나그네는 중요한 사실을 알려주고 떠난다.

"두려움을 겪어본 적이 없는 자만이 노퉁을 새로 벼릴 것이다." 문답게임에서 진 미메의 목숨도 그 "두려움을 모르는 자"에게 맡겨진다.

혼비백산한 미메가 혼자 남아 있는데, 숲으로 나갔던 지그프리트가 돌아와 칼을 완성했느냐고 묻는다. 미메가 넋이 나가 있는 것을 보고 지그프리트는 손수 칼을 만들기 시작한다.

미메가 지금까지 납땜질을 해서 동강난 칼을 이어 붙이려고 했다면 지그프리트는 접근법이 전혀 다르다. 소년은 먼저 칼의 조각을 모조리 강판에 갈아 가루로 만든 다음 용광로에 녹여 긴 칼 길이의 쇠막대로 만들고, 이어서 새 막대를 불에 달구어 망치질을 계속하며 칼의 모양을 잡아 나간다. 다시 말해, 그는 동강난 칼을 부수어 처음부터 새로 만들기 시작한 것이다.

미메는 절망 속에서 새 희망을 보고 죽을 만들기 시작한다.

"저 아이가 칼을 만들겠구나. 그러면 용을 죽이겠구나. 용을 죽이고 피로에 지쳐 배가 고파질 때 이 죽을 먹여야지. 저 아이가 이 죽을 먹고 죽으면, 히힛, 내가 보물을 독차지할 테다."

두 사람은 이렇게 서로 다른 궁리로 열심히 일한다. 지그프리트는 새로 칼을 버리고, 미메는 죽을 만들고. 청춘의 힘이 넘치는 음악과 칼을 연단하는 지그프리트의 망치질 소리가 경쾌하게 무대를 채운다.

⚘ 용 죽이기

칼을 완성한 지그프리트는 미메의 안내로 밤새 숲속을 걸어 용의 동굴로 향한다. 용의 동굴 앞에서는 벌써 사태를 짐작한 난쟁이 알베리히와 보탄이 미리 와 있다가 서로 만나 잠깐 말싸움이다. 하지만 보탄은 자기가 오로지 구경꾼일 뿐이니 걱정하지 말라며 자리를 피한다.

미메와 지그프리트가 나타나고 알베리히는 모습을 감춘다. 미메는 지그프리트에게 용에게도 심장이 있음을 알려주고는 숨어버리고, 지그프리트는 용이 나오기를 기다리며 잠깐 나무 밑에 홀로 앉아 죽은 어머니를 그리워한다. 자기를 낳다가 죽었다는 어머니…. 그러다 새의 노래를 듣고 흉내를 내보려 하지만 잘 되지 않는다. 용이 깨어나 물을 마시러 나오다가 지그프리트와 마주치고, 지그프리트는 자신이 벼린 칼로 용을 죽인다.

용은 그에게 반지에 대한 경고를 하고 죽고, 지그프리트는 용의 심장에서 칼을 뽑다가 손에 용의 피가 묻는다. 저도 모르게 손가락을 입에 넣었다가 용의 피를 맛본다.

그러자 지그프리트는 새들의 노래를 알아들을 수 있게 되었다. 새는 동굴로 들어가 변신투구와 반지를 가져오라고 일러준다. 지그프리트가 들어간 사이 알베리히와 미메가 만나 코믹한 말싸움을 벌인다. 지그프리트는 반지와 변신투구를 들고 도로 밖으로 나온다. 알베리히는 이미 모습을 감추었고, 지그프리트의 귀에 다시 새들의 노래가 들려온다.

"신의 없는 미메를 믿지 마라. 그의 말을 잘 들어보라."

지그프리트가 미메의 말에 귀를 기울이자, 미메가 겉으로 번지르르하게 내놓는 그럴싸한 말 뒤에 숨은 속뜻이 샅샅이 들린다. 미메는 자기가 만든 죽을 먹여 지그프리트를 죽이고 반지와 변신투구를 차지할 속셈을 죄다 들킨다. 그런데도 제 속셈 들킨

걸 모르고 지그프리트에게 죽을 먹으라고 미친 듯이 들이밀다
가 지그프리트가 휘두른 칼을 맞고 죽는다.

홀로 남은 외로움에 친구를 그리워하는 지그프리트에게 새
의 노래가 다시 들려온다.

"그에게 어울리는 여자가 있지. 높은 언덕에 잠들어 있는데,
불길이 그녀의 전당을 에워싸고 타오른다."

그리고 다시 새의 노래.

"오직 두려움을 모르는 사람만이 브륀힐데를 깨워 신부로 얻
을 수 있다네."

그러자 지그프리트는 명랑하게 깔깔 웃으며 외친다.

"두려움을 모르는 멍청한 소년, 그건 바로 나야!"

쾌활한 지그프리트는 새의 뒤를 따라 힘차게 달려간다. 브륀
힐데 언덕을 향하여.

✦ 브륀힐데 깨우기

지그프리트가 브륀힐데 언덕으로 가는 사이에 보탄 신은 이
미 그 언덕의 발치에 와 있다. 그 옛날처럼 다시 마법의 힘으로
에르다를 깨운다. 못마땅해 하면서 불려나온 에르다를 향해 보

탄은 이렇게 말한다.

"나는 이 세계를 가장 쾌활한 벨중[=지그프리트]에게 넘겨줄 셈이오. 그 영웅이 그대와 나의 딸 브륀힐데를 깨울 것이니, 모든 것을 아는 그대의 딸은 깨어나서 세계를 구원할 행동을 할 것이오."

바그너 작품의 맥락에서 세계를 구원할 행동이란, 브륀힐데가 반지를 원래의 질서로 되돌려놓을 것이라는 뜻이다. 곧 라인의 딸들에게 황금을 돌려준다는 뜻이다. 브륀힐데가 제때 반지를 돌려준다면 질서가 무너진 세계는 질서를 되찾고, 어쩌면 보탄의 세계는 멸망을 피할 수가 있을 것이다.

에르다가 도로 땅속으로 돌아간 다음 지그프리트가 언덕의 발치에 도달하여 보탄과 마주친다. 할아버지와 손자는 여기서 처음으로 얼굴을 마주하지만, 젊은 지그프리트는 아무것도 모른다. 보탄은 창으로 젊은이가 가는 길을 막아서고, 지그프리트는 그를 피해 지나가려고 하지만, 보탄이 다시 막아서며 이렇게 외친다.

"이 창은 옛날에 네가 휘두르는 그 칼을 부수었거든."

지그프리트가 대꾸한다.

"아니, 우리 아버지를 죽인 원수가 너구나. 복수를 해야겠네."

대담한 지그프리트가 칼을 휘두르니, 보탄의 창이 부서진다. 이번에는 보탄의 칼이 보탄의 창을 부수었다. 간결한 이 장면은 깊은 상징성을 지닌다. 보탄의 세계는 이제 끝나고, 그 세계의 운명이 젊은 지구르트의 손에 맡겨진 것이다.

장애물을 제거하고 지그프리트는 언덕으로 올라간다. 그리고 불길을 뚫고 안으로 들어가 잠든 브륀힐데를 발견한다. 갑옷을 벗기고, 잠든 이가 여자임을 깨닫고, 생전 처음 가슴이 콩닥콩닥 뛰는 두려움을 느낀다. 그것은 사랑, 첫사랑의 떨림. 덕분에 두려움을 모르던 영웅은 잠든 여인에게서 두려움을 배운다.

잠든 이에게 키스하자 여인은 깨어나고, 두 사람은 이 언덕 위에서 깊은 인연을 맺는다. 모든 일은 보탄이 계획한 그대로 이루어졌다.

순혈의 손자 지그프리트의 손에 반지가 들어가고, 지그프리트와 브륀힐데 사이에 인연이 맺어졌으니, 이제 지혜로운 브륀힐데가 올바른 결정만 내리면 보탄의 세계는 종말을 피할 수가 있으리라. 과연 그리될까?

제4부

지구르트의
죽음

다시 길을 떠나는 지구르트

산위에서 지구르트는 잠시 행복한 시간을 보냈다. 제게 잘 어울리는 여인을 만나 인연을 맺고, 많은 것을 새로 배웠다. 저 레긴의 대장간에서 배운 것들만으로는 많은 것이 부족했으니, 브륀힐데 곁에서 비로소 이런저런 일들을 새로 배웠다. 삶에서 가장 행복하고 좋은 시간이었다. 그렇다, 우리는 툭하면 잊어버리곤 하지만, 무엇이든 배울 때가 가장 행복하고 좋은 때이니 말이다. 또한 평화로운 시절이기도 했다.

하지만 젊은 지구르트가 언제까지나 산에만 남아 있을 수는 없는 노릇, 그는 세상을 돌아다니며 무언가 할 일을 더 찾아보기로 했다. 브륀힐데도 반대하지 않았다. 그녀는 발퀴레 여신의 지식과 비법들을 이미 그에게 전수했거니와, 그것 말고도 그를 보호해 줄 여러 방책들을 마련해 주었다.

그는 자신이 세운 영웅의 업적들을 통해 이미 게르만 세계에서 가장 유명한 사람이 되어 있었다. 저 부자 난쟁이 안드바리보물의 주인이 되었으니, 온 세상이 그에게 관심을 가질 만도 했다.

"어차피 누구나 결국은 명부로 가지만, 그래도 누구나 보물을 차지하려 하거든."

그 자신도 용에게 이렇게 말하지 않았던가? 이제는 그 자신이 보물과 반지의 주인이니, 세상의 눈길과 욕망이 그를 향하고 있었다. 굴바이크가 남긴 욕망의 불길이 이글이글 타오르는 세상이었다.

지구르트는 떠나기 전에 자기가 끼고 있던 반지를 브륀힐데에게 선물로 주었다. 반지는 이제 최고 보물이 아니라 두 연인사이에 인연의 정표가 되었다. 두 사람은 온 세상 사람들의 눈앞에서 정식으로 혼인한 사이는 아니었지만, 마음으로 단단히 맺어졌고, 반지가 그것을 증언하고 있었다.

그런 다음 지구르트는 명마 그라니에 보물을 싣고, 명검 그람을 들고서 브륀힐데 언덕을 떠나 라인 강으로 향했다. 브륀힐데는 언덕에 서서 손을 흔들며 멀리 떠나는 지구르트를 배웅했다. 아아, 사랑하는 영웅이여, 이제 떠나면 언제 다시 돌아오려나? 다만 저 불꽃성벽이 저기 여전히 서 있으니, 어차피 지구르트 말고는 다른 누구도 여기로 들어오지 못할 것이다.[1]

굴바이크가 남긴 욕망의 불길이 이글이글 타오르는 세상이었다.

1 〈뷜중 전설〉에는 그가 보물을 모두 싣고 떠나는 것으로 되어 있다. 다른 출전들은 보물에 대해 분명한 언급을 하지 않는다. 그리고 이제부터 출전들은 저마다 조금씩 다른 이야기들을 들려준다. 심지어 지구르트의 죽음에 대해서도 몇 가지 다른 이야기들이 전해진다. 그래도 기본 틀은 비슷하다. 조심스럽게 그 뒤를 따라가 보자.

기우키 왕가

지구르트는 라인 강을 따라 남쪽으로 말을 달렸다. 라인 강변에 기우키 왕의 왕국이 있었다. 기우키 왕과 그림힐드 왕비 사이에는 네 명의 자식이 있었다. 장남 군나르, 차남 회그니, 이어서 구토름, 그리고 딸 구드룬 등이었다.[2] 그림힐드 왕비는 망각의 마법 약을 조제하는 기술을 가진 사람이었다.

지구르트는 그런 것에 대해서는 아무것도 모른 채 기우키 왕국에 도착하였다. 그는 곧바로 궁성 안으로 들어갔다. 기우키 왕의 신하들 중에는 그의 당당한 모습에 감탄하며 "어떤 신이 우

2 여기서도 이름의 두운법칙을 볼 수 있다. 기우키, 그림힐드, 군나르, 구토름, 구드룬 등모두 '그(G)' 소리로 시작되는 이름이다. 다만 회그니만 전혀 다른 이름인데, 그는 다른출전들에서는 기우키 집안 출신이 아니다. 그런 흔적이 이름에 남아 있는 셈이다. 특히〈니벨룽엔의 노래〉에서는 하겐[=회그니]이 지그프리트를 죽인다.

브륀힐데 언덕에서 멀리 내려다 본 지구르트의 길은 이런 모습이었을까?

리나라를 찾아왔다."고 말하는 이도 있었다. 그동안 브륀힐데 곁에서 많은 것을 배우고 더욱 성숙해진 지구르트는 매우 당당하고 아름다운 젊은이로, 거의 신과도 같은 모습이었다. 게다가 놀라운 보물을 그리도 많이 지녔으니, 세상 누군들 그를 손님으로 맞아들이고 싶지 않으랴.

기우키 왕은 충심으로 지구르트를 환영했다. 지구르트는 잠시 기우키 궁전에 머물기로 했다. 그는 왕가의 장남 군나르, 차남 회그니와 교류하면서 셋이서 함께 말을 타고 주변을 돌아다니기도 했는데, 그 중에서도 지구르트의 모습이 단연 돋보였다. 왕은 지구르트를 아들처럼 대하고, 다른 이들도 모두 그를 우러러보았다.

그가 기우키 왕국에 머무는 동안 그림힐드 왕비는 지구르트가 얼마나 브륀힐데를 사랑하는지, 또한 얼마나 자주 브륀힐데의 말을 인용하는지 똑똑히 보았다. 하지만 그럴수록 왕비의 마음속에서 그가 딸 구드룬과 혼인하여 이곳에 정착한다면 얼마나 좋을까 하는 생각이 점점 커졌다. 세상에 그를 능가할 사윗감은 다시없으니 말이다.

그랬다. 그림힐드 왕비는 또 다시 다른 사람들처럼 제게 주어지지 않은 것을 탐하기 시작한 것이다. 누구든 지나치게 큰 보물을 지니면 피하기 힘든 저주이기도 했다. 다만 왕비에게는 자신의 소망을 실현시킬 수단과 방책이 있었다. 어느 날 저녁 궁전에서 만찬이 베풀어지고 있을 때 왕비가 자리에서 일어나 지구르트에게로 다가왔다.

"당신이 여기 머무시는 게 우리에게 큰 축복이오. 모든 점에서 환대하고 싶으니 이 뿔잔을 비우시오."

왕비는 그에게 술이 담긴 뿔잔을 내밀었다. 지구르트는 뿔잔을 받아 단숨에 비웠다. 왕비가 말을 계속했다.

뿔잔

"기우키 왕이 그대의 아버지고 나는 그 대의 어머니라오. 군나르, 회그니와는 형제고, 또 맹세를 하는 모든 이가 다 그대의 형제요. 그러면 그대는 세상에 비할 바 없는 사람이 될 게요."

지구르트는 그 말에 동의했다. 왕비가 내민 뿔잔의 술을 받아 마신 뒤로 지구르트는 브륀힐데가 더는 기억나지 않았다. 그림힐드 왕비가 사용한 마법의 망각 약은 매우 강력한 효력을 지녔다. 그 이름이 떠오르지 않으니 그 모습도 사라지고, 그녀와 연관된 모든 것이 차츰 기억에서 멀어졌다. 머지않아 브륀힐데 생각이 그의 마음에서 까맣게 지워지고 말았다. 브륀힐데에게 했던 온갖 사랑의 맹세들도 그의 기억에서 완전히 사라졌다.

아아, 우리는 무엇 하러 그 많은 지식을 습득하는 것이랴, 지구르트가 브륀힐데에게서 배웠다는 그 큰 지혜는 대체 어디로 간 것인가? 제때 제자리에 꼭 필요한 평범한 통찰력 하나가 없다면, 아무리 큰 지혜를 가진들 무슨 소용일까! 그는 많은 보물을 지니고 왔으니 주위를 경계하는 것이 옳았을 것이다. 기우키 궁전에서 사악한 기운을 느끼고 그것을 피해 얼른 도로 떠나야 했을 테지만 미적대다가 꼭 붙잡히고 말았다.

큰 보물이 사악한 욕망을 끌어들인다는 작은 깨달음조차 없던 젊은 지구르트는 이렇게 해서 곧바로 마법 약의 영역으로 끌려 들어갔다. 죽어가던 용의 경고가 그의 마음에 아무런 흔적도 남기지 않았던 것이다. 그는 한 번 빠지면 죽어야 비로소 풀려날 거대한 미망에 빠져들었다.

그렇게 브륀힐데가 사라진 마음의 자리로 자연스럽게 구드룬의 모습이 들어왔다. 어느 날 저녁 구드룬이 그에게 뿔잔을 내밀어 꿀술을 대접했다. 젊은 지구르트는 아름다운 젊은 여인의 행동거지가 몹시 우아하다고 느꼈다. 차츰 그는 구드룬에게 마음이 끌렸다.

그렇게 지구르트는 2년 반을 더 기우키의 궁에 머물렀다. 그 동안 기우키 왕국 편을 들어 많은 전쟁에 나가 공도 세웠다. 기우키 왕은 지구르트에게 통치권 일부와 딸을 아내로 주겠노라고 제안했다. 자연스러운 제안이었고, 물론 그림힐드가 미리 계획한 일이기도 했다. 지구르트는 이렇게 대답했다.

"그렇듯 큰 영광에 감사드리며 기쁘게 제안을 받아들이겠습니다."

지구르트와 군나르와 회그니는 피의 맹세를 통해 의형제를 맺었다. 그리고 지구르트는 구드룬과 혼인했다. 행복한 결혼이었다. 그들 사이에 아들이 태어나고, 그 아들의 이름도 지구르트였다.

● 가계도 ●

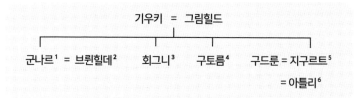

1. 매제(아틀리) 손에 죽음 ┃ 2. 억지로 시집간 신부, 자살 ┃ 3. 매제(아틀리) 손에 죽음 ┃ 4. 매제(지구르트) 손에 죽음 ┃ 5. 처남(구토름) 손에 죽음 ┃ 6. 처조카(회그니의 아들) 손에 죽음

모습 바꾸기, 그리고 구혼

그림힐드 왕비는 딸에게 당대 최고의 신랑감을 찾아주고 두 사람이 행복하게 사는 것을 만족스럽게 바라보면서, 장남 군나르에게 어울릴 만한 배필에 대해서도 생각해 보았다. 아무리 찾아도 브륀힐데보다 더 나은 신붓감을 찾을 수가 없었다.[3] 아니면 그림힐드 왕비는 지구르트의 손가락에 반지가 없음을 알아채고, 그것이 브륀힐데에게 남아 있을 거라고 짐작했던 것일까? 그림힐드가 그것을 알아챘다면, 그녀의 욕심이 여기서 멈출 리

---

3 이렇듯 동거 경력이 있는 여성을 며느리로 원한다는 것은 우리에게 기묘하게 생각되는 사고방식이다. 다만 바이킹 시대(800~1060) 사람들은 여성의 과거 이력에 대해 별다른 반감이 없었다. 그들의 관습으로는 타당한 이유가 있다면 남자나 여자나 재혼은 문제가 되지 않았다. 지구르트가 혼인한 지금, 그와 인연이 있었던 브륀힐데도 원하기만 한다면 새로 혼인해도 좋은 상태가 된 것이다.

는 없었다. 반지가 가장 중요한 보물이기 때문이다.

어느 날 그림힐드는 아들 군나르에게 이렇게 말했다.

"모든 일이 아주 잘 풀리고 있소. 한 가지만 빼고. 그대에게 아직 아내가 없으니 말이지. 가서 브륀힐데에게 구혼하시오. 가장 잘 어울리는 배필이니. 지구르트가 그대와 함께 갈 것이야."

"기꺼이 그렇게 하지요."

브륀힐데는 원래 부들리 왕가 출신이었다. 중간계[인간계] 출신으로 발퀴레 여신이 되었던 것인지 출전들은 자세한 사정을 알려주지 않는다. 하지만 브륀힐데도 당당한 왕가 출신으로, 장차 왕이 될 군나르에게 밀리지 않는 신붓감이었다. 군나르는 아버지와 형제들에게 자신의 계획을 밝히고 지구르트에게도 말했다. 그들 모두가 그를 격려해 주었다.

군나르와 회그니, 그리고 지구르트는 여행준비를 마치고 먼저 브륀힐데의 아버지 부들리 왕을 찾아갔다. 군나르가 부들리 왕에게 브륀힐데와 혼인하고 싶다고 청했다. 옛날 게르만 사람들도 옛날 우리처럼 아버지나 오빠에게 청혼하는 관습이 있었다. 그러자 부들리 왕은 이렇게 대답했다.

"그 아이가 자부심이 강해 오직 자기가 선택한 사람하고만 혼인하려 한다오. 그러니 직접 알아보시오."

이런 대답을 들은 다음 그들은 브륀힐데를 키운 양부 흘림달 레를 찾아가서 또다시 청혼했다. 흘림달레의 아들 헤이미르도 부들리 왕과 똑같은 말을 했다. 다만 그는 좀 더 자세한 내용을 일러주었다.

"그 애는 여기서 멀지 않은 곳에 살고 있소. 다만 자신의 전당을 둘러싸고 타오르는 불꽃성벽을 통과하는 사람하고만 결혼하겠다고 합니다."

군나르, 회그니, 지구르트는 브륀힐데의 전당이 자리 잡은 곳으로 향했다. 멀리 불꽃성벽 한 가운데 황금색 합각머리 전당이 자리 잡은 것이 보였다. 불꽃은 사방에서 전당을 빙 둘러싸고 타올랐다. 세 사람은 불꽃에서 멀찍이 떨어진 곳에 멈추었다.

군나르는 자신의 말을 달려서 불꽃성벽 안으로 들어가려고 해보았다. 하지만 말이 불꽃을 두려워하며 뒤로 물러섰다. 군나르는 도로 멀찍이 물러났다.

"어째서 그냥 돌아오신 게요?"

지구르트가 물었다.

"말이 뛰어들려고 하지를 않아. 그대의 말을 좀 빌려줄 수 있소?"

"물론이오."

군나르는 지구르트의 말 그라니를 타고 불꽃성벽으로 다가 갔다. 하지만 그라니는 주인이 아닌 군나르를 태우고는 불꽃성 벽으로 덤벼들려고 하지 않았다. 이 말도 저 말도 모두 말을 안 들으니, 군나르로서는 안으로 들어갈 방책이 없었다.

군나르와 지구르트는 상의한 끝에 서로 모습을 바꾸었다. 그 림힐드 왕비가 모습 바꾸는 방법을 미리 그들에게 알려주었기 에 가능한 일이었다. 그러니까 왕비는 일이 이렇게 될 것을 미리 알고서 군나르의 구혼 여행에 지구르트를 함께 보냈던 것이다.

떠나간 지구르트를 기다리는 브륀힐데

그림힐드 왕비는 물론 지구르트와 브륀힐데의 인연에 대해서도 잘 알고 있었다. 기억을 잃어버린 가엾은 지구르트만 아무것도 몰랐다.

지구르트는 군나르의 모습이 되어서 자신의 말 그라니의 등에 올라탔다. 모습이야 어떻든 제 주인이 등에 탄 것을 말은 잘 느꼈다. 이번에는 말과 사람이 하나가 되어 내달리니 그라니는 거리낌 없이 불꽃 속으로 달려들었다. 불꽃이 하늘로 치솟으며 굉음을 내고 땅이 흔들렸다. 훤한 불꽃이 아니라 마치 새카만 암흑 속으로 말을 내달리는 꼴이었으나, 사람도 말도 전혀 두려움이 없었다. 게다가 그라니도 지구르트도 이것이 초행길이 아니지 않은가?

곧바로 그의 주변에서 불꽃이 잦아들었다. 벌써 성벽 안으로 들어온 것이다. 그는 말에서 내려 전당 안으로 들어갔다.

안에는 브륀힐데가 갑옷 차림으로 앉아 있었다. 그녀는 "지구르트, 내 님이 돌아오시나?" 하고 생각하다가 놀란 눈길로 낯선 사내를 바라보았다.

"뉘신지요?"

"기우키 왕의 아들 군나르요."

이어서 그는 자기가 온 목적도 설명했다.

"그대의 아버지와 양부의 허락을 받고 그대를 아내로 삼으려고 찾아왔소. 물론 그대의 불길을 뚫고 들어온다는 조건으로, 그대가 내게 만족한다면 말이오."

"무어라 말할 바를 모르겠네요."

군나르 모습의 지구르트는 칼 손잡이를 잡고 전당 한가운데 똑바로 섰다.

"그 대가로 나는 황금과 보물을 넉넉히 내놓아 신부 값을 치룰 셈이오."

브륀힐데는 헬멧을 쓰고 미늘 갑옷을 입고 손에는 칼을 든 채 마치 파도를 타는 백조처럼 크나큰 고통에 휘둘리며 이렇게 대답했다. 그녀는 지구르트 말고 다른 사내와 혼인할 생각이 없었다.

"군나르, 그런 말씀 하지도 마세요. 당신이 사내들 중에 최고이고, 내게 구혼한 모든 사내를 죽일 수 있는 게 아니라면 말이죠. 나는 혼자서 저 가르다리키 왕과도 전투를 했소. 내 무기는 아직도 피에 젖어 있어요. 내가 원하는 건 이런 삶이예요."

"그대는 실로 위대한 행적들을 자랑할 수 있을 게요. 하지만 그대 자신이 한 맹세를 기억하시오. 누구든 이 불길을 통과해 들어온다면 그 사람과 혼인하겠다고 했던 말을 말이오."

그녀는 하는 수 없이 이 말을 수긍하고는 내키지 않음에도 그를 맞아들였다. 그녀의 마음은 아직도 온전히 지구르트만을 향하고 있었지만 상대의 말이 올바른 것이니 하는 수 없이 자신의 맹세를 지키기로 한 것이다.

군나르 모습의 지구르트는 그곳에서 사흘 밤을 머물며 신부와 한 침대를 썼다. 하지만 그는 언제나 자신의 칼 그람을 둘 사이에 꽂아놓고, 진짜 부부의 인연을 맺지 않았다. 브륀힐데는 군나르의 아내가 될 것이기 때문이다. 브륀힐데가 물었다.

"어찌하여 이리 하십니까?"

"신혼의 사흘 밤을 이렇게 지내라는 운명이 내게 주어졌소. 그렇지 않으면 내가 죽을 거랍니다."

그는 브륀힐데의 손가락에서 자기가 선물한 반지가 반짝이

가운데 칼을 꽂은 채 잠든 신혼부부

는 것을 보았다. 기억이 가물거리는데도 그는 그 반지를 브륀힐데에게서 뺏고, 대신 파프너의 보물에서 나온 다른 반지를 그녀에게 선물했다. 브륀힐데는 저항했지만 별 도리가 없었다. 지구르트의 선물이던 반지는 군나르 모습을 한 지구르트에게로 도로 돌아갔다.

지구르트와 브륀힐데의 인연은 이로써 허무하게 무너지고 말았다. 그들의 인연을 증언하던 반지는 지구르트의 손으로 돌아갔다. 지구르트가 준 것이니 지구르트가 빼앗을 수도 있겠으나, 실은 지구르트가 주고 군나르가 빼앗은 것이다. 아닌가? 그는 지구르트였던가?

성공적으로 구혼하여 임무를 마친 지구르트가 먼저 브륀힐데의 전당을 떠났다. 그는 불길을 통과하여 처남들이 기다리는 곳으로 왔다. 지구르트와 군나르는 도로 모습을 바꾸고, 이어서 그들은 브륀힐데의 양부에게로 가서 그동안 있었던 일을 보고했다. 그런 다음 세 사람은 기우키 왕국으로 돌아갔다. 그림힐드 왕비가 그들을 맞아들이며, 지구르트에게 도와주어 고맙다고 감사 인사를 했다. 기우키 왕국은 신부를 맞아들일 잔치 준비를 시작했다.

같은 날로 브륀힐데도 양부를 찾아와 자신의 속마음을 털어

놓았다.

"어떤 왕이 내게로 왔었어요. 불꽃성벽을 통과해서 말이죠. 군나르라는 사람인데 내게 구혼하러 왔다고 했어요. 나는 지구르트 말고는 다른 누구와도 혼인하지 않겠다고 고집을 부렸죠."

하지만 양부는 이렇게 대답했다.

"이 일은 이제 아무도 바꾸지 못한다."

브륀힐데는 고개를 떨구고 아버지에게로 돌아갔다. 혼인 날짜가 잡히자 부들리 왕은 아들 아틀리와 딸 브륀힐데를 거느리고 기우키 왕국으로 행차했다. 혼인잔치는 여러 날이나 계속되었다. 잔치가 끝나자 이상하게도 지구르트의 기억이 돌아왔다. 브륀힐데에게 했던 온갖 사랑의 맹세들이 갑자기 기억에 떠올랐던 것이다. 하지만 그는 아무에게도 그 어떤 말도 할 수가 없었다. 이제 와서 그 무슨 말을 누구에게 하랴. 그는 입을 꾹 다물었다.

혼인식을 거행하는 동안 브륀힐데가 어떤 생각을 했는지 출전문서는 아무 말도 하지 않는다. 다만 그녀는 지구르트가 구드룬과 사이좋게 지내는 것을 보았다. 저들은 행복한 부부였다. 브륀힐데는 심한 배신감을 느꼈다. 그녀 자신은 군나르와 함께 살면서 아무런 기쁨도 느끼지 못했다. 그녀의 마음속에 지구르트를 향한 크나큰 사랑이 고스란히 남아 있었기 때문이다.

사랑이란 어차피 늘 어떤 위험성을 지닌다. 누군가를 사랑할 때 한 인간의 영혼은 상처받기 쉬운 상태에 놓이게 된다. 사랑은 자신의 영혼을 상대방에게 온통 드러내 보이는 일이기 때문이다. 우리가 헌신이라 부르는 그것이다. 브륀힐데는 옛날에 지구르트에게 자신이 가진 지식과 지혜를 모조리 내주며 그를 깊이 사랑했었다. 그런 만큼 상대도 자기에게 똑같이 사랑과 헌신으로 반응하지 않으면, 영혼은 깊은 상처를 입지 않을 수가 없다. 특히 브륀힐데처럼 자부심 강한 영혼은 말없이 소리 없이 더욱 깊은 고통을 겪는다.

게다가 브륀힐데의 영혼의 통증은 시간이 흘러도 치유될 길이 없었다. 불행히도 그녀는 사랑하는 지구르트의 모습을 늘 가까이서 지켜보아야 했기 때문이다. 차라리 멀리 떨어져 지냈더라면 나았을 것을. 그는 같은 궁전에 사는 시누이의 남편이었다. 어찌된 셈인지 지구르트는 브륀힐데를 생전 처음 본 듯이 굴면서 구드룬만을 사랑하는 것 같았다. 브륀힐데는 지구르트를 향한 사랑이 클수록, 자기를 모른 척하고 구드룬과 함께 행복하게 지내는 그를 원망하고 미워하는 마음도 커져만 갔다.

여인들

그림힐드 왕비의 욕망은 이루어졌다. 저 안드바리의 보물을 차지한 지구르트와, 그가 한때 열렬히 사랑했던 브륀힐데까지 모조리 사위와 며느리로 삼았으니, 안드바리의 보물은 한 점도 남김없이 자신의 궁전으로 들어온 것이 분명했다. 그것은 이제 기우키 집안의 보물이었다. 하지만 그것은 대체 어떤 저주를 지닌 물건이었던가?

• 관계도 •

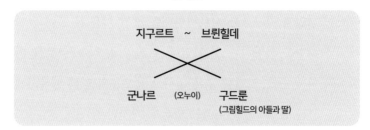

어느 날 우연히도 브륀힐데와 구드룬 두 사람이 제각기 동시
에 라인 강으로 내려갔다. 거기서 목욕도 하고 즐거운 시간을 보
낼 셈이었다. 시누이와 올케는 강에서 얼굴을 마주쳤다. 이들은
서로 예의를 지키는 정도였지 상대방을 좋아하지는 않았다. 어
찌 좋아할 수가 있겠는가? 구드룬이 아무것도 몰랐다고 할 수
있을까? 설사 몰랐다 해도, 어머니가 쓴 마법 약을 통해 지구르
트가 겨우 과거를 잊고 마음을 돌려 자기에게 구혼했다는 것을

안다면, 브륀힐데의 존재를 정말로 짐작도 못했을까?[4]

브륀힐데가 부득부득 물을 헤치며 멀리 물 가운데로 나아갔다. 마치 구드룬과는 같은 물에서 놀기가 싫다는 듯했다. 구드룬이 이상하게 여겨 물었다.

"언니, 어쩌자고 그리 멀리 나가나요?"

"여기서 아가씨가 나하고 대등하다고 생각하나요? 내 아버지가 아가씨 아버지보다 더 강력한 왕이고, 내 남편은 영웅의 업적을 많이 세우고 불타는 성벽도 통과한 사람인데, 아가씨 남편은 고작해야 히얄프레크 왕의 노예에 지나지 않잖아요."

사실관계가 맞지도 않는, 터무니없이 모욕적인 발언이었다. 노여움으로 벌겋게 달아오른 구드룬이 대답했다.

"언니, 내 남편을 모욕하기보다 언니 혀를 묶어두는 편이 현명할 텐데요. 그런 사람이 다시없다는 건 누구나 알죠, 그가 파프너─용을 죽였고, 언니야 군나르라고 생각했을 테지만 불꽃성

---

4 다른 출전들과 달리 〈뵐중 전설〉은 매우 곤혹스럽게도, 지구르트가 브륀힐데의 "첫째 남편"이었다고 명시한다. 그렇게 되면 전체 줄거리의 결과 느낌이 상당히 달라진다. 그림힐드 왕비는 아예 정식 혼인한 부부를 억지로 갈라서 자신의 사위와 며느리로 삼기 때문이다. 지구르트는 군나르와 브륀힐데의 결혼식이 끝나면 원래의 기억을 되찾는다. 그리고 구드룬은 지구르트와 브륀힐데가 부부였음을 뻔히 알면서도 브륀힐데의 눈앞에서 지구르트와 행복하게 사는 뻔뻔스런 여자가 된다. 다만 우리는 여기서 다른 출전들처럼 구드룬이 막연히 예감만 한 정도로 놓아두자.

벽을 넘은 사람은 내 남편이니 말예요."

절대로 해서는 안 될 말이었다.

저 무시무시한 발퀴레 출신 브륀힐데를 가로막던 마지막 둑이 터져버렸다. 그동안 그녀를 괴롭히던 모든 퍼즐이 이제야 완전히 들어맞았다. 그녀는 오직 한 사람만 저 불꽃성벽을 통과할 수 있다고 믿었었다. 그리고 불꽃성벽을 통과할 만큼 두려움을 모르는 그 한 사람과 혼인하겠노라고 선언했고, 그렇게 지구르트와 인연을 맺었다. 하지만 어느 날 군나르라는 자가 불꽃성벽을 통과해 들어왔고, 자신은 스스로 한 맹세 때문에 하는 수 없이 그와 혼인했다. 그런 다음엔 사랑하는 지구르트를 바로 옆에 두고 이때껏 사랑 없는 결혼생활을 유지해 왔다.

그런데 지금 시누이가 하는 소리를 들어보라. 그때의 군나르가 군나르가 아니고 지구르트였단다. 아니, 참으로 엄청난 기만을 당했구나, 어쩐지 그럴 리 없다 했지, 사람을 그토록 기만하다니 저 지구르트라는 자는 대체 무언가, 대체 누구인가?

브륀힐데는 얼굴이 파랗게 질렸다. 목욕이고 뭐고 집어치우고 궁으로 돌아와 아예 아무와도 말을 나누지 않은 채 틀어박혀 버렸다.

지구르트의 죽음

　브륀힐데는 더 이상 이 세상에 살고 싶은 마음이 없었다. 그녀는 단 한 순간도 군나르를 사랑한 적이 없었다. 속으로 그를 미워하고 있었으나, 남들 앞에서는 한 번도 그런 내색을 하지 않았을 뿐이다. 그녀의 마음은 한결같이 지구르트를 향하고 있었으니, 한 마음으로 두 사내를 사랑할 수는 없었던 것이다.

　그토록 사랑했던 지구르트가 구드룬과 혼인한 것만 해도 그녀에게는 이미 뼈아픈 배신이었다. 하지만 지구르트의 배신 행각은 그것으로 끝이 아니었다. 그는 군나르를 위해 군나르의 모습으로 자기에게 구혼하기까지 했다. 그런 다음 신혼의 사흘 밤 동안 침대 한가운데 칼을 꽂아두고 군나르를 향한 충심을 지켰다.

하지만 자기를 향한 그의 사랑이나 충심은 대체 어디로 갔단 말인가? 그가 깨뜨린 그 많은 사랑의 맹세는 어찌한단 말인가? 그는 대체 어쩌자고 자기를 그토록 이중 삼중으로 배신했던가?

그리고 군나르, 아니 지구르트는 자신이 건네준 사랑의 정표인 반지까지 빼앗아 갔다. 그로써 그들 사이의 사랑은 영원히 끝났다.

브륀힐데는 지난 세월 그 깊은 고통, 뼈를 깎는 아픔을 홀로 견뎠다. 그리고 그렇게 계속 고약한 운명을 견딜 셈이었다. 하지만 저 경박한 구드룬이 방정맞게 마지막 말을 내뱉었다. 설사 구드룬이 모든 진실을 알고, 심지어 브륀힐데마저 이미 그 모든 진실을 알고 있었다 해도, 하필 사랑의 적인 구드룬이 그토록 끔찍한 말을 내뱉은 것은 전혀 다른 문제였다. 이것은 또 다른 종류의 모멸감을 만들어 냈다.

이제 브륀힐데는 이 문제를 더는 그대로 놓아둘 수 없게 된 것이다. 구드룬의 발언은 지구르트가 브륀힐데를 이중으로 배신했음을 만천하에 공개적으로 드러낸 일이었으니, 브륀힐데도 자신의 입장을 만천하에 공개적으로 드러내지 않을 수 없었다.

군나르와 지구르트는 홀로 틀어박혀 애통해하는 브륀힐데의 마음을 달래려 번갈아 애써 보았다. 하지만 그녀는 자기를 찾아온 지구르트를 향해 단호히 말했다.

"내 모든 아픔 중에서도 가장 힘든 아픔은 내 칼날을 그대의 피로 붉게 물들일 수 없다는 점이오."

"나를 살려두지 않는다면, 그대 자신에게도 그보다 더 나쁜 일이 없을 것인데."

"그대가 나를 속여 내 행복을 빼앗아 갔으니 그대의 말에는 늘 적지 않은 독기가 있소. 나는 오래 사는 일엔 관심이 없어요."

"그대가 죽지만 않겠다면 기꺼이 내 재산을 모두 드리겠소."

"나를 잘 모르시는군요. 그대는 사내들의 귀감이지만, 그 어떤 여자도 나보다 당신한테 더 위험한 여자는 없죠."

"그대가 죽는 것보다는 내 차라리 구드룬과 헤어지고 그대와 혼인하겠소."

"나는 이제 그대를 원치 않아요. 다른 어떤 사내도 원치 않죠."

지구르트는 그녀에게 인사하고 물러났다. 너무 마음이 아파서 그의 몸통이 부풀어 오르며 미늘 갑옷의 옆구리가 터졌다. 그는 이제 자신의 운이 다한 것을 느꼈다.

이런 대화가 있고 나서 그녀는 다시 자기 방의 벽 아래 홀로 앉아 처참하게 탄식했다. 그녀는 재산이나 권력이나 다른 무엇도 자신에게는 무의미하다고 선언했다. 남편 군나르가 다시 그녀를 찾아와 달래려 했다. 브륀힐데는 그에게 이렇게 말했다.

"당신이 지구르트와 그 아들을 죽이지 않는다면, 당신은 권력과 재산과 목숨과 나를 모조리 잃어버릴 겁니다. 늑대 새끼[=지구르트의 아들]는 키우는 게 아니오. 나는 친정집으로 돌아가 거기서 슬퍼할 거예요."

군나르는 어쩔 줄 몰라 심각한 고민에 잠겼다. 지구르트와는 서로 충성을 맹세한 의형제인데, 대체 그를 어떻게 죽인단 말인가? 그렇다고 브륀힐데를 잃어버릴 수도 없는 노릇이니, 수많은 상념이 그의 마음을 오갔다. 하지만 결국 그는 아내가 자기를 떠난다면 그것이 세상에 가장 큰 망신이라는 결론을 내렸다.

"브륀힐데를 잃어버리느니 차라리 내가 죽는 게 낫겠다. 내게 있어 그녀는 여자들 중에 가장 걸출한 사람인데."

그는 회그니를 불러 상의했다.

"나는 지금 심각한 문제에 부딪쳤다."

"무슨 일이오?"

"지구르트가 내 믿음을 배신했다. 저 브륀힐데의 전당에서 사흘 동안 그가 브륀힐데와 함께 지냈었지. 그때 놈이 나를 배신한 거야."

아내에게서 협박을 받았다고 말할 수도 없고 자세한 내용을 설명할 수도 없는 군나르로서는 그렇게 설명하는 수밖에 달리 도리가 없었다.

"게다가 놈을 죽이면 너하고 내가 보물을 모조리 차지해 권력을 누릴 수가 있지."

"하지만 우리가 그런 고약한 일을 했다가는 맹세를 해놓고 어기는 일이 될 텐데요. 그는 우리한테 실제로 중요한 자산이기도 하고. 이 사람이 우리 궁전에 있는 한 우리에게 맞설 왕은 세상에 다시없지요. 우린 다시는 그런 매제를 얻을 길도 없고 말입니다."

다시 회그니가 말했다.

"아하, 사정을 알겠소. 형수가 형님을 위협한 모양이군요. 형수는 우리에게 큰 불명예와 해로움을 불러올 겁니다."

"그렇더라도 이 일은 반드시 해야만 한다."

군나르는 생각에 잠겼다.

"방법이 하나 있기는 하다. 구토름에게 이 일을 맡기자. 걔는 아직 젊고 경험도 없는 데다가 맹세로 묶이지도 않았으니 말이지."

회그니가 대꾸했다.

"별로 좋은 생각이 아닌데요. 설사 성공한다 해도 저런 영웅을 배신한 대가를 치러야 할 겁니다."

하지만 군나르는 지구르트가 죽지 않으면 자기가 죽을 판이라고 말했다. 회그니는 형의 말을 따르지 않을 도리가 없었다.

두 사람은 구토름을 불러 시키는 대로 하면 황금과 엄청난 재산을 주겠노라고 약속했다. 이어서 뱀 한 마리와 늑대고기를 구해 함께 고아서 구토름에게 주어 맥주를 곁들여 먹게 했다. 덧붙여 온갖 마법 주문을 동원하고, 그림힐드의 비법까지 동원하자 구토름은 마침내 마음이 튼튼하고 사나워져서 형들의 제안에 동의했다. 지구르트는 이런 배신을 예상하지 못했지만 자기 운명을 피해 갈 수는 없었다.

그날 밤 구토름이 지구르트가 누워 있는 침대로 갔다. 하지만 지구르트의 강렬한 눈길이 저를 쏘아보자 구토름은 감히 대들지 못하고 물러났다. 두 번째로 갔을 때도 같은 일이 일어났다. 지구르트의 눈길은 너무 꿰뚫어보는 눈길이라 그것을 견딜 사람이 거의 없었다. 하지만 그가 세 번째로 들어갔을 때 지구르트는 마침내 잠들어 있었다. 구토름이 칼을 빼서 있는 힘껏 지구르트를 찌르자 칼끝이 지구르트가 깔고 자던 매트리스까지 꿰뚫었다. 구토름은 잽싸게 칼을 도로 빼들고 누이가 깨기 전에 방을 빠져나가려고 했다.

하지만 지구르트가 눈을 뜨더니 자신의 칼 그람을 집어 들고 문으로 향하던 구토름의 허리를 뒤에서 베어버리니, 구토름의 몸통은 허리에서 두 동강이 나고 말았다. 지구르트의 품안에 잠들어 있던 구드룬이 깨어보니 자신의 온몸이 지구르트의 피로 흥건히 젖었다. 죽어가는 지구르트가 울부짖는 구드룬에게 말했다.

"울지 마시오. 당신의 오빠들이 이런 일을 벌였소. 오래 전에 예언된 일이 이루어진 것이오. 아무도 운명은 피하지 못하지. 브뤼힐데가 다른 누구보다 나를 사랑해서 이런 일을 꾸민 것이오. 나는 군나르에게는 불명예스러운 일을 한 적이 없소. 그의 아내에게 친구 이상이 되지 않았소."

이 말을 마치고 지구르트는 죽었다. 구드룬은 고통에 잠겨 울부짖었다. 브뤼힐데가 소식을 들었다. 그녀는 구드룬의 탄식 소리를 듣고 웃었지만, 곧바로 깊은 슬픔에 빠졌다. 얼굴이 창백해져서 유령 같은 모습이 되어 머지않아 죽을 사람처럼 보였다. 그녀가 웃으며 요청한 일이 정작 이루어지자 이토록 슬퍼하는 까닭을 아무도 몰랐다. 그녀는 조용히 말했다.

"나는 지구르트만을 사랑했었지요."

그녀는 제가 가진 보물을 모두 꺼내오게 시켜서 원하는 자는 누구든 그것을 가져도 좋다고 선언했다. 그런 다음 칼을 꺼내 자기 가슴을 찔렀다. 피를 흘렸지만 금방 죽지는 않았다. 그녀는 잠깐 미래의 일을 예언하고 이어서 마지막 부탁을 했다.

"우리 모두의 장례를 위해 큼직한 장작더미를 마련해 주시오. 나와 지구르트, 그리고 그와 함께 죽은 다른 두 사람을 위해서 말이오."

자기를 지구르트의 시신 옆에 눕히고 두 사람 사이에는 칼을 꽂아달라고 했다. 그녀가 지시한 그대로 장례식이 이루어졌다. 옛날부터의 관습에 따라 장례준비를 마쳤다. 거대한 장작더미가 쌓이고, 이미 불길이 붙기 시작할 때 파프너를 죽인 영웅 지구르트의 시신과, 세 살배기 그의 아들 지구르트, 그리고 구토름의 시신이 장작더미 위에 놓였다.

장작더미 전체에 불이 옮겨갈 즈음 피를 흘리는 브륀힐데가 불속으로 걸어 들어가 지구르트 옆에 나란히 누웠다. 나란히 누운 두 사람 사이에 칼이 박혀 둘 사이를 나누었다. 오딘이 선물한 칼의 동강으로 만든 명검 그람이었다. 한때 깊이 사랑한 두

둘 가운데 칼을 꽂은 모습. 장례식

연인은 이렇게 나란히 생을 마감했다. 죽어서도 가운데 칼을 꽂은 채로.

　여기에는 뒷이야기가 더 붙는다. 지구르트의 아내 구드룬이 어머니가 만든 망각의 약을 먹고 지구르트를 잊고서 브륀힐데의 오빠인 아틀리에게 시집간 이야기, 그리고 아틀리가 군나르와 회그니를 죽인 이야기, 구드룬이 아틀리와의 사이에 낳은 자기 자식들을 죽여 아틀리에게 먹인 이야기, 아틀리 자신은 전당에서 부하들과 함께 불에 타죽은 이야기, 그런 다음에도 구드룬은 살아남아 다시 시집간 이야기, 구드룬과 지구르트 사이에 태어난 딸 스반힐트가 요르문레크 왕과 혼인하고 죽은 이야기, 이런 과정을 통해 군나르 일족이 완전히 멸망한 이야기가 뒤를 따른다. 다만 여기서 이 부분은 생략하기로 하자.

반지의 행방에 대해 출전문서들은 더 이상 아무 말도 없다. 지구르트가 브륀힐데에게 안드바리의 반지를 선물했다가 그것을 도로 빼앗은 뒤로는 아무도 반지 자체에는 큰 관심을 보이지 않는다. 그보다는 그냥 보물 이야기만 잠깐씩 나온다. 이야기의 마지막에는 보물에 대해서도 별 말이 없다.

중세 도이치 서사시 〈니벨룽엔의 노래〉에서 군터와 하겐은 아틀리의 궁전으로 누이를 방문하러 가기 전에 라인 강에 보물을 감춘다. 그래서 후세에 이따금 지구르트의 보물을 찾으려고 라인 강을 뒤진 경우는 있지만, 무언가 발견했다는 이야기는 없다.

우리의 보물, 또는 반지 이야기도 여기서 끝을 맺는다.

• 반지의 이동경로 •

부자 난쟁이 안드바리 - 로키 - 오딘 - 농부 흐라이트마르 -
거인 아들 파프너(용) - 지구르트 - 브륀힐데 - 지구르트 - 라인 강(?)

바그너가
"반지"를 완성하다

신들의 황혼

───────────❦───────────

〈발퀴레〉와 〈지그프리트〉에서 우리는 브륀힐데의 운명과 지그프리트의 운명을 보았다. 이 작품들에서 바그너는 상당히 많은 변형을 주기는 했으나, 전체적으로는 원전의 줄거리를 충실히 따른다. 하지만 《에다》나 〈뷜중 전설〉의 마지막에서 반지의 흔적은 희미해지다가 지구르트가 죽으며 반지의 행방이 묘연해진다. 그러면서 반지를 추적한 사람에게는 어딘지 닭 쫓던 개의 느낌이 생겨난다.

바그너는 4부작 오페라 작품에서 이 문제를 근본적으로 해

결했다. 그래서 바그너 오페라만의 독특한 줄거리 구조가 나타
난다. 그는 특히 제1부 〈라인의 황금〉과 제4부 〈신들의 황혼〉에
서 전체 줄거리와 등장인물을 많이 손질했다. 작품의 시작과 끝
을 이어 붙여서 하나의 완결된 원으로 만들기 위해서였다.

덕분에 바그너의 거대한 4부작 오페라의 줄거리를 모두 이
어놓으면, 하나의 원, 하나의 거대한 "반지" 형태가 나타난다. 줄
거리가 지닌 이런 반지 형태는 《니벨룽의 반지》라는 작품 제목
과 멋진 조화를 이루고, 또한 전체를 아름다운 음악적 화음으로
둘러쌀 수 있게 해준다. 원전을 철저히 탐색한 바그너의 문학적
노력이 여기서 결실을 거둔다. 작곡가 말고도 대본작가 바그너
의 능력을 분명히 볼 수 있다.

✦ 운명의 흐름

마지막 오페라 〈신들의 황혼〉[=라그나뢰크]은 운명의 3여신
노른들이 브륀힐데 언덕 위에서 줄을 잣는 것으로 시작된다. 이
들은 앞서 등장한 대지 여신 에르다의 딸들이다. 아버지가 밝혀
지지 않은 이들 노른 여신들은 지상에 남겨진 에르다의 분신처
럼 보인다. 그들은 줄을 자으며 그동안 벌어진 일들과 앞으로 벌

어질 일들을 노래로 들려준다.

보탄이 세계나무[우주나무] 가지를 잘라 창을 만들었고, 그런 탓에 세계나무가 시들었다. 그렇다면 세계나무를 훼손한 보탄이 결국 자기가 만든 세계를 훼손한 셈이다. 보탄은 이 창대에 계약을 보호하는 룬 문자를 새겼는데, 최근 한 영웅이 그 창을 부수었다. 그러자 보탄은 발할의 용사들을 동원하여 시들어버린 세계나무의 가지와 몸통을 잘라 장작으로 만들었다. 그 장작더미가 지금 발할을 둘러싸고 있다.

노른들의 눈길이 차츰 흐릿해지는데, 그 옛날 라인 강에서 황금을 훔친 알베리히의 모습이 그들의 눈앞에 어른거린다. 노래가 여기에 이르렀을 때 그들이 잣던 밧줄은 끊어지고, 더 이상 할 일이 없어진 노른들은 어머니에게로 내려간다.

그들이 있던 자리에 아침 동이 트면서 지그프리트와 브륀힐데가 방에서 밖으로 나온다. 그는 다시 세상에 나서기 위해 이미 출발 준비를 마친 모습. 그동안 그는 이 언덕에 머물며 전신 발퀴레 여신 브륀힐데에게서 많은 지혜를 배우고, 또한 마법도 익혔다. 그녀는 그에게 자신이 쓰던 방패와 말을 내주고, 대신 그는 그녀에게 반지를 선물한다.

반지는 이제 두 사람 사이에서 사랑의 정표가 되었다. 그녀에게는 세상 무엇보다도 소중한 물건. 지그프리트는 자신의 상징물이기도 한 칼을 차고, 뿔피리를 불면서 하산하여 라인 강으로 내려간다.

〜 기비쿵 궁전

라인 강변에 기비히 왕의 궁전이 있다. 기비히 왕과 왕비는 이미 죽었고, 아들 군터가 나라를 다스린다. 그에게는 여동생 구트루네, 그리고 이들 둘과는 아버지가 다른 형제인 하겐이 있다. 하겐은 이들의 어머니인 그림힐데 왕비가 난쟁이 알베리히의 꾐에 넘어가 낳은 자식이다. 그러니까 하겐은 알베리히의 아들이다. 하겐이 이들 세 사람 중에 지혜와 지식이 가장 뛰어나다. 세 사람이 궁전의 전당에 모여 있다.

군터는 자기가 기비쿵 집안에 어울리는 자랑스러운 사람인지를 하겐에게 묻는다.

"모든 것이 훌륭하나, 군터는 아내가 없고, 구트루네는 남편이 없으니, 그것이 흠이오."

하겐의 답변이다. 그리고 군터에게 적합한 배필이 있으니,

저 불타는 언덕 위의 브륀힐데라고 일러준다.

"다만 불길을 뚫고 들어가는 자만이 그녀에게 구혼할 수 있지요. 용을 죽인 영웅 지그프리트만 그런 일을 할 수 있소."

군터는 제가 차지할 수도 없는 배필을 추천했다고 화를 내지만, 하겐에게는 묘책이 있다.

"구트루네가 지그프리트의 마음을 차지한다면, 그가 군터를 위해 구혼하겠지요?"

이번에는 구트루네가 화를 낸다.

"그런 영웅이라면 아름다운 여자들로 이미 둘러싸였을 터인데."

하지만 하겐은 어머니가 남긴 망각의 약을 상기시킨다. 그 약을 마신다면 지그프리트는 전에 만난 여자를 잊을 것이고, 전에 누군가를 만났다는 사실 자체도 잊을 것이란다. 군터와 구트루네는 하겐의 말에 썩 만족해서 하겐의 지혜를 찬양한다. 군터와 구트루네도 제게 주어지지 않은 것, 제가 감당할 수도 없는 것을 탐하는 사람들이다. 이런 사람들이야 세상에 늘 그득한 법이니 말이다.

그들이 이야기를 나누고 있을 때 지그프리트의 뿔피리 소리가 들려온다. 곧 이어 명랑한 지그프리트가 기비쿵 궁전 전당에 모습을 드러낸다. 구트루네는 재빨리 뿔잔에 술을 담아 가져다가 그에게 대접한다. 관객은 그 안에 무엇이 들었을지 짐작할 수 있다. 술잔을 비운 지그프리트는 순식간에 브륀힐데를 잊고 구트루네에게 홀딱 반하여 그녀를 아내로 얻을 생각뿐이다. 구트루네는 얌전한 태도로 물러난다.

여기서 망각의 약에 취한 지그프리트는 하겐이 다시 각성제를 먹일 때까지, 다시 말해 작품의 거의 마지막까지, 줄곧 약물에 취한 상태다. 그는 군터에게 혼인했느냐고 묻는다. 군터는 마음에 둔 여인이 있지만 불길을 뚫고 들어갈 수가 없어 그녀를 얻을 수가 없다고 대답한다. 지그프리트는 자기는 불길이 두렵지 않으니 도와줄 수 있단다. 두 사람은 즉시 구혼하러 떠나기로 한다.

구혼을 위해 출발하기 전에 군터와 지그프리트는 피의 형제 [=의형제] 의식을 거친다. 포도주 한 잔에 두 사람의 핏방울을 떨어뜨리고 섞어서 나누어 마시면서, 서로에게 죽기까지 충성하겠노라는 맹세의 말을 교환한다. 하겐은 이 맹세에 동참하지는 않고 증인이 되겠노라고 나선다.

맹세의 의식이 끝나자마자 군터와 지그프리트는 구혼 여행을 떠나고, 홀로 남은 하겐은 이제야 제 속셈을 드러낸다. 지그프리트가 군터를 위해 "저 자신의 신부를 이리로 데려오지만, 내게는 반지를 가져오는 거지." 그러니까 알베리히의 음흉한 아들 하겐이 무엇 때문에 이런 복잡한 생각을 해냈는지 아주 분명해진다. 그는 온갖 수단을 다해 반지를 차지할 속셈뿐이다.

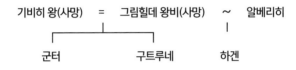

● 기비쿵 가계도 ●

기비히 왕(사망) = 그림힐데 왕비(사망) ~ 알베리히

군터   구트루네   하겐

✧ 모습 바꾸기와 구혼

지그프리트와 군터는 함께 배를 타고 브륀힐데 언덕으로 찾아간다. 이들이 도착하기도 전에 브륀힐데의 자매이자 현직 발퀴레 여신 한 명이 먼저 브륀힐데를 찾아왔다. 그녀는 발할의 상황을 전한다. 앞서 노른 여신들이 노래한 그대로, 보탄은 시든 세계나무의 가지와 몸통을 쪼개 장작으로 만들어 그 장작으로 발할을 둘러쌌다. 세계나무가 죽고 세계의 종말을 예감한 보탄

이 낙담한 채 그렇게 종말의 순간이 다가오기를 기다리는 중이다.

브륀힐데를 찾아온 발퀴레 여신은 아직 단 하나의 기회가 있다고 말한다. 브륀힐데가 손가락의 그 반지를 지금이라도 라인의 딸들에게 돌려준다면, 세계는 멸망을 피할 것이란다.

하지만 이것은 대체 브륀힐데에게 어떤 반지인가? 지그프리트가 떠나면서 선물한 반지가 아닌가? 서로의 사랑의 정표가 아니던가? 브륀힐데는 자매의 그런 제안을 전혀 이해하지 못하고 거절한다. 발퀴레 여신은 실망하여 떠나고, 그 순간 누군가가 불꽃을 뚫고 올라왔다.

브륀힐데는 지그프리트일 것으로 생각하지만 낯선 사내가 모습을 드러낸다. 오로지 지그프리트만 이 불길을 뚫고 올라올 수 있는데, 대체 이 자는 누구란 말인가? 그는 변신투구를 이용해 군터로 변신한 지그프리트였다. 자신을 군터라 소개한 사내는 브륀힐데에게 구혼하러 왔다고 말한다. 브륀힐데는 지그프리트가 준 반지를 내보이며, 절대로 그런 일은 있을 수 없다고 외치지만, 군터라는 사내는 그녀의 손가락에서 반지를 빼앗아 갔다.

브륀힐데는 힘에 밀려 사내를 방으로 안내하는데, 사내는 안으로 따라 들어오며, "나의 칼 노퉁이여, 내가 구트루네에게 신의를 지켰음을 증언하라."고 노래한다. 이렇게 구혼이 이루어지고, 칼을 두 사람 사이에 꽂은 채 신혼의 첫날밤이 지나갔다.

⚓ 합동혼례식 준비 중의 대혼란

이튿날 지그프리트는 브륀힐데와 함께 언덕 아래로 내려와 라인 강변에서 기다리던 군터에게로 간다. 지그프리트와 군터는 남몰래 재빨리 모습을 도로 바꾼다. 그런 다음 지그프리트는 변신투구의 힘을 빌려 먼저 기비쿵 궁으로 돌아와 하겐과 구트루네에게 구혼이 성사되었음을 알린다. 하겐과 구트루네는 기뻐하면서, 군터와 구트루네 남매의 합동결혼식을 준비한다. 그러는 동안 군터는 브륀힐데와 함께 배를 타고 기비쿵으로 돌아온다.

이미 결혼식 준비를 마친 기비쿵 궁전으로 군터와 브륀힐데가 들어온다. 심히 낙담한 브륀힐데는 세상 그 무엇도 쳐다볼 생각조차 없다. 하지만 지그프리트의 이름이 불리는 것을 듣고 눈을 들어 바라보니, 사랑하는 지그프리트가 구트루네의 신랑감 자격으로 저기 서 있는 게 아닌가. 충격을 받은 브륀힐데가 비틀

거리다 쓰러지는데, 마침 가까이 있던 지그프리트가 그녀를 부축한다. 자기를 부축한 지그프리트의 손가락에서 빛나는 반지! 브륀힐데는 소스라치게 놀라 신랑인 군터에게 따져 묻는다.

"구혼 날에 당신이 내게서 저 반지를 뺏어가지 않았나요? 그게 어떻게 이 자[=지그프리트]에게 갔지요?"

물론 군터는 전혀 모르는 일이다. 지그프리트도 아주 멍한 상태지만, 그렇다고 반지를 군터에게서 받지 않았다는 것만은 분명히 안다. 원래 자신이 용에게서 빼앗은 것이므로. 브륀힐데는 지난밤 자신을 찾아온 사내가 군터가 아닌 지그프리트였다는 사실을 깨닫는다. 그런 그가 이제는 구트루네의 신랑감이란다!

이 모든 일을 꾸민 하겐은 한 사람 한 사람을 자세히 관찰하면서 브륀힐데를 부추긴다.

"그대가 저 반지를 군터에게 주었다면, 지그프리트가 저 반지를 내놓아야 하지 않겠소?"

그녀는 그 말에는 대꾸도 하지 않고, 모든 게 "기만"이자 "배신"이라고 외친다. 그녀가 이렇게 외치자 이제는 누구도 물러설 수 없게 되었다. 군터와 구트루네가 놀라서 바라보며 지그프리트에게 진상을 밝히라고 요구한다. 지그프리트가 나서기도 전에 브륀힐데가 외친다.

"나는 군터가 아니라 저기 저 사내[=지그프리트]와 혼인했소."

아무 기억도 없는 가여운 지그프리트는 열심히 지난밤의 일을 설명한다.

"이 노퉁[=칼]이 우리 두 사람 사이에 꽂혀 있었으니, 나는 군터도 구트루네도 배신하지 않았소."

브륀힐데는 말한다.

"노퉁의 주인이 사랑하는 여자에게 구혼했을 때, 노퉁은 칼집 속에 편히 들어 벽에서 쉬었다네."

브륀힐데는 그 옛날 사랑의 순간을 노래하는데, 지그프리트는 기억이 없으니 머리가 어지럽다. 두 사람이 제각기 주장을 굽히지 않으니, 그 자리에 있던 군터의 신하들이 나서서 지그프리트에게 "결백 맹세"를 하라고 요구한다. 지그프리트는 하겐이 내민 창에 손가락을 대고 맹세한다.

"내가 거짓말을 해서 칼날이 나를 베어야 한다면, 네가 나를 베어라."

브륀힐데도 창에 손가락을 대고 맹세한다.

"그의 거짓맹세를 벌할 때, 너의 힘이 강해지기를 내 축성하노라."

소동이 겨우 가라앉자 지그프리트는 여전히 구트루네를 아내로 맞이할 기대감으로 즐겁게 사라진다. 하지만 군터와 브륀 힐데는 울적한 마음으로 그 자리에 남았다.

하겐은 주군의 아내이자 형수인 브륀힐데를 위해 자기가 복수를 하겠노라 나선다. 브륀힐데는 어이가 없다. 하찮은 하겐이 당대 최고 영웅인 지그프리트에게 맞서겠다고? 하지만 하겐은 그러니 연합하자고 제안한다. 그의 제안에 브륀힐데가 중요한 정보를 일러준다.

"나의 마법이 그의 전신을 보호하지만, 그의 등만은 보호하지 않소."

하겐은 필요한 정보를 얻었다. 그는 내일 사냥을 나가서 지그프리트를 죽이고, 구트루네에게는 "수퇘지가 죽였다."고 말하자고 제안하고, 군터도 여기에 동의한다. 혼례식도 올리기 전에 군터, 하겐, 브륀힐데는 지그프리트를 죽이기로 맹세의 노래를 함께 부른다. 그런 다음 그들도 혼례식장으로 향한다.

⚘ 지그프리트의 죽음

그렇게 합동혼례식이 거행된 다음날, 사내들은 모조리 사냥하러 떠났다. 사냥 중에 지그프리트는 일행과 떨어져 홀로 우연히 라인 강변에 섰다가 라인의 딸들을 만난다. 그들은 지그프리트에게 말한다.

"그 반지를 우리에게 준다면 너는 저주를 면할 거야."

하지만 지그프리트는 반지의 효능도 모르면서 돌려주기를 거절한다. 그러자 라인의 딸들은 그가 오늘 중으로 죽을 것이라고 예언한다. 용감하고 무모한 지그프리트는 그런 말에도 태연자약하다. 그런 다음 그는 일행과 다시 합류하여 식사를 한다.

몹시 우울해 보이는 처남 군터를 위로할 속셈으로 지그프리트는 자기가 옛날에 겪은 일들을 이야기하겠노라 자청한다. 그러고는 난쟁이 미메 이야기, 칼을 벼린 것, 용을 죽인 것, 용의 피를 맛본 것, 그리고 새의 노래를 알아들은 것, 이어서 미메를 죽이고 반지와 투구를 차지한 이야기 등을 한다. 이제 브륀힐데 이야기가 나올 차례다.

그 순간 하겐은 자신의 술잔에 기억을 되돌리는 약초의 즙을 짜서 섞고 그것을 지그프리트에게 마시라고 준다. 그 잔을 비우자 지그프리트의 기억이 분명하게 돌아왔다. 그는 이야기의 순서에 맞추어 잊었던 브륀힐데와의 인연을 무심코 이야기하는데, 그 자리에서 그의 말을 듣던 모든 사람이 깜짝 놀란다. 그래, 그가 브륀힐데와 인연을 맺었다고? 저 군터의 새색시와? 그렇다면 그는 과연 맹세를 깨뜨린 사람이었다.

하겐이 창을 들고 일어서서, 등을 이쪽으로 향하고 숲을 바라보는 지그프리트의 등을 찔렀다. 지그프리트는 죽는 순간에야 기억이 되살아났다.

"브륀힐데가 내게 인사하네!"

그렇게 그는 허무하게 죽었다. 영웅을 죽인 하겐은 모든 사람의 눈총을 받으며 먼저 궁으로 돌아가고, 남은 사람들이 시신을 수습해서 궁으로 돌아왔다.

✣ 장례식

이날 아침 브륀힐데는 홀로 라인 강변을 산책하다가 라인의 딸들에게서 라인의 황금 이야기를 들었다. 세상에서 가장 지혜로운 여인 브륀힐데의 지혜가 이제야 다시 돌아왔다. 지그프리트를 향한 사랑과 미움으로 마음이 펄펄 끓고 있는 동안 그녀의 지혜는 그녀에게서 멀어졌었다. 하지만 이제 그녀는 도로 마음을 가라앉혔다.

지그프리트의 시신이 도착하자 구트루네가 울면서 군터를 비난한다. 군터는 하겐이 범인이라고 일러준다. 그러자 하겐은 자기가 죽였노라고 당당히 주장하면서, 이제 아버지의 유산인 반지를 차지하겠노라는 야욕을 드러낸다. 군터는 구트루네가 받을 유산인 반지를 그에게 줄 수는 없다며 칼을 빼서 대들다가 하겐의 칼에 죽었다. 군터를 죽인 하겐이 지그프리트의 손에서 반지를 빼려고 하는데, 갑자기 죽은 지그프리트의 팔이 공중으로 벌떡 올라가면서 그것을 막는다. 그 순간 브륀힐데가 등장한다.

"참으로 저급하게 싸운다."는 것이 그녀의 일성이다. 그렇다. 최고 영웅의 죽음을 놓고도 여전히 반지 다툼이다. 구트루네가 브륀힐데에게 비난의 화살을 돌린다. 하지만 브륀힐데는 조용히 한마디 한다.

"지그프리트는 너를 보기도 전에 내게 영원한 맹세를 했었다."

구트루네는 이 말에 자신이 지그프리트에게 망각 약을 먹인 일이 생각나서 꼼짝 못하고 뒤로 물러난다. 그러고 나서는 죽은 오빠 군터를 애도할 뿐이다. 그렇게 구트루네가 물러선 자리에 브륀힐데가 나서서 장례식 준비를 지휘한다. 장례식을 위한 장작이 준비되는 동안 그녀는 먼저 지그프리트의 삶을 결산한다.

"그는 가장 충실하게 계약과 맹세를 지키고 사랑을 했지만, 그 모든 맹세, 계약, 사랑을 세상에서 가장 끔찍하게 배신했다."

이어서 신들을 향해 그들의 최후가 다가왔다고 선포한다.

"신들이여, 이제 쉬어라!"

이것은 오페라 작품에서 라그나뢰크의 선언이다. 그리고 브륀힐데는 지그프리트의 손가락에서 반지를 빼서 자기 손가락에 낀다.

"이것은 내가 받은 유산이다."

맞는 말이다. 이 반지는 그들의 사랑의 정표였기 때문이다. 하지만 이어서 브륀힐데는 라인의 딸들에게 자기가 죽거든 이 반지를 거두어 가라고 선언한다. 이제 모든 것은 끝났다. 지그프리트의 시신은 장작더미 위에 올라갔고, 장작더미에 불이 붙자 브륀힐데도 자신의 말에 올라타고 장작더미로 뛰어든다. 이렇게 브륀힐데는 지그프리트의 시신과 함께 불에 타서 죽는다.

알베리히의 아들 하겐은 반지를 포기할 수 없어서 반지를 따라 강물로 뛰어들지만, 라인의 딸들이 반지를 거두어 갈 때에 하겐까지 함께 물속으로 끌고 들어간다.

✦ 순환이 완결되다

우리의 반지 이야기는 바그너 작품을 통해 이제야 완전한 순

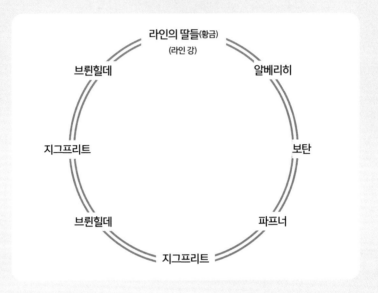

● 다시 황금과 반지의 이동경로 ●
(시계 방향으로)

라인의 딸들(황금)
(라인 강)

브륀힐데   알베리히

지그프리트   보탄

브륀힐데   파프너

지그프리트

환을, 곧 반지 모양을 얻었다. 바그너가 〈라인의 황금〉 앞부분과 〈신들의 황혼〉 뒷부분을 서로 이어 붙여 하나의 완결된 원을 만들어 낸 것이다. 라인 강에서 나온 황금이 라인 강으로 돌아왔다.

우리는 이로써 이 놀라운 오페라 작품이 토대로 삼은 오리지널 이야기 《에다》와 〈뷜중 전설〉의 비극적 줄거리들과, 나아가 바그너의 4부작 오페라 《니벨룽의 반지》의 줄거리를 읽었고 동시에 이 작품이 지닌 진짜 비밀, 바로 "순환의 완성" 과정을 상세히 알게 되었다. 절대 반지가 만들어지는 과정, 반지의 주인이 연속적으로 바뀌는 과정, 그리고 결국은 그 반지가 출발점으로 되돌아오는 모든 과정을 말이다.

　이것은 마치 제 꼬리를 입으로 물고 세계바다를 둘러싸고 있는 뱀 요르문간드르와 같은 모습이다. 이제 뱀이 제 꼬리를 물었고 보탄의 세계는 종말에 이르렀다.

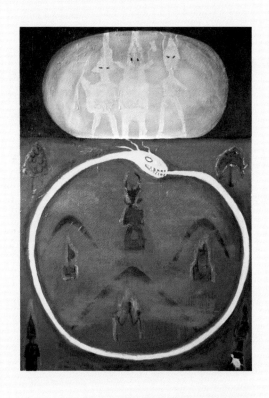

제5부

불의 세계와
물의 세계

북유럽 신화의 여러 세계들과 인물들을 거치며 반지가 순환하는 것을
앞에서 보았다. 무심한 반지의 순환과정에서 한 세계가 붕괴되었다. 오딘
또는 보탄이 지배하던 세계가 종말을 고하고, 반지 또는 황금은 원래의
자리로 돌아왔다. 그 과정에서 눈에 들어오는 몇 가지 특징들을 살펴보자.

기묘한 중복 :
보물 두 개, 영웅 두 명, 사랑 두 번

상당히 주의 깊은 독자라도 작품의 전체 줄거리를 한 눈에 파악하기란 몹시 힘들다. 거기에는 이유가 있다. 4부작 오페라에 기묘한 중복현상이 들어 있어서 그렇다. 그래서 전체 줄거리가 길고 복잡해지고, 사람들은 데자뷔 현상을 보는 것 같은 착각에 빠져들어 거듭 실마리를 놓친다. 바그너의 창작으로 그렇게된 것이 아니고 오리지널 이야기가 이미 그렇다.

이 이야기에는 사건 전체를 관통하는 보물이 등장하는데 바로 반지다. 반지는 어떤 신비로운 힘을 간직하고 있으나, 우리는 실제로 그것이 무엇이며 어떻게 쓰이는지 정확히 알지 못한다. 다만 바그너는 그것의 쓰임새를 약간 보여주었다. 반지의 힘으로 재물을 축적해서 그를 통해 세계를 지배할 권력을 가질 수가 있다는 것이다. 대신 엄청난 저주도 반지에 걸려 있다.

원래 《에다》에서 이 반지는 만들어진 과정을 알 수가 없다. 다만 난쟁이의 반지였으니, 난쟁이가 만들었을 것으로 추정될 뿐이다. 어차피 모든 보물은 난쟁이가 만든다. 이어서 반지는 신들의 손으로 넘어갔다가, 신비로운 농부의 손으로, 이어서 거인이자 용의 손에 들어간다. 여기까지 반지는 초인적 존재들을 두루 거쳤다. 그런 다음에야 영웅 지그프리트를 통해 인간계[중간계]로 들어오게 된다. 그리고 인간계에서도 다시 복잡하게 뒤얽힌 갈등과 몰락을 만들어 낸다.

하지만 반지만 추적해서는 전체 줄거리를 잡는데 심각한 한계에 봉착한다. 〈발퀴레〉에는 반지가 아예 등장하지도 않는다. 이 작품에서 또 다른 보물이 등장하는데 바로 지그문트에게 주어진 "오딘[보탄]의 칼"이다. 이 오딘의 칼도 만들어진 과정을 알 수가 없다. 게다가 오딘의 칼은 지그문트의 행적에 이렇다 할 도움을 주지도 않은 채 엄청난 갈등을 만들어 낼 뿐이다. 나중에 지그문트와 진표틀리가 산 채로 무덤에 갇혔을 때 한 번 쓰인다.

지그문트가 죽기 직전에 오딘이 등장하여 자신의 창으로 이 칼을 부러뜨렸다. 그러니까 지그문트의 삶은 아예 칼로 시작해서 칼로 끝난다.

부러진 칼 동강으로 만든 새로운 칼이 지그프리트의 손에 쥐어졌을 때에야 비로소 이 보물 칼은 제 역할을 한다. 단번에 용의 가죽을 뚫고 들어가 용의 심장을 찌르는 것이다. 그런 다음 그는 이 칼로 브륀힐데의 갑옷을 가른다. 이 또한 칼의 업적이다. 물론 지그프리트 손에서만 이루어지는 업적이다.

바그너는 여기 덧붙여 지그프리트가 브륀힐데를 만나기 직전에 이 칼로 보탄의 창을 부러뜨리는 장면을 삽입했다. 이것은 순수하게 바그너의 창안인데, 이런 상징적 장면을 통해 바그너의 보탄은 자신의 세계지배 권한을 손자인 지그프리트에게 넘겨주는 것이다.

지금까지 보았듯이 전체 줄거리에는 보물 두 개와 아울러 두 명의 주인공이 등장한다. 지그문트와 지그프리트 부자가 그들이다. 오페라에서는 시간이 강력하게 줄어들지만, 원래 이야기에서 그들의 삶의 행적은 긴 시간을 두고 벌어지는 몇 가지 사건들로 이루어진다. 지그문트는 천신만고 끝에 아버지와 형제들에 대한 복수를 마치고 고향으로 돌아올 수 있었다. 그에 비해 지그프리트는 칼이 완성되자 비교적 손쉽게 용을 죽이고 최고 영웅의 반열에 올라선다.

그 과정에서 두 영웅은 제각기 괴수를 무찌른다. 이는 그들의 행적에서 가장 두드러진 영웅의 행위에 속한다. 지그문트는 지크가이르 왕에게 복수하기 전에 먼저 괴물 늑대를 죽여야 했다. 지그프리트는 용을 죽인다. 이들 부자는 보물을 차지하는 사람들일 뿐만 아니라 괴수들을 죽임으로써 실제로 영웅적인 위업을 달성한다.

이들의 삶에는 물론 사랑도 나타난다. 그것도 매우 특이한 운명적인 사랑이다. 지그문트는 숲에서 오랫동안 외롭게 지내다가 어느 날 숲을 떠돌아 흘러들어온 아름다운 젊은 여인을 맞아들여 사흘 밤을 함께 보낸다.

이 여인은 실은 모습을 바꾼 그의 쌍둥이 누이였다. 여기서 이들의 관계가 정말로 사랑이었느냐는 그다지 핵심이 아니다. 쌍둥이 누이 지그니는 이로써 간통과 근친상간을 동시에 저지르지만, 그녀는 친정아버지와 동생들의 죽음에 복수하기 위해 이미 남편과의 사이에서 얻은 제 자식들을 차례로 죽이는 중이다. 이런 전체 맥락을 고려하면 이것은 단순히 사랑이라는 개인적 감정의 문제가 아니라, 그것을 넘어선 두 종족 사이의 원한 관계가 빚어낸 사건이다.

그렇게 태어난 아들의 이름은 진표틀리지만, 바그너는 지그프리트로 대체한다. 그러면서 우회하는 줄거리들이 강력히 줄어들어 지그문트−지그프리트의 직선적 혈통이 나타난다.

원래《에다》의 지구르트는 불꽃성벽을 뚫고 들어가 전신 발퀴레 출신 브륀힐데와 인연을 맺는다. 하지만 이 인연을 금방 도로 잊어버리고 새로운 여인을 만나 결혼한다.

바그너는 이 두 가지 사랑의 이야기에도 경중을 부여했다. 지그문트와 지글린데의 사랑을 극히 단순하게 만들고, 대신 지그프리트와 브륀힐데의 사랑에 훨씬 거대한 운명의 요소를 덧붙였다. 따져보면 실제로도 그렇지만.

〈발퀴레〉에서 태중의 지그프리트를 보호하는 브륀힐데는 그의 고모−이모이기도 하다. 지그프리트는 이렇듯 다중적 혈연관계뿐 아니라 제 탄생과도 연관성을 지닌 브륀힐데를 죽음과도 같은 깊은 잠에서 깨워 그녀를 사랑한다. 이 또한 일상적인 인간관계에 대입하기 어려운 신화의 사랑이다.

하나의 포커스

이렇게 중첩되는 줄거리가 세심한 독자라도 상당히 헷갈리게 만들어서 우리는 작품을 따라가는 도중 잠깐씩 길을 잃어버린 느낌을 받는다. 대체 누가 누구고 뭐가 뭐라는 거지? 영웅의 죽음에 이어 또 다시 영웅이 나오고, 하나의 사랑이 지나갔는데 또 다른 사랑이 나오기 때문이다.

하지만 그런데도 하나의 포커스가 존재한다. 작품에 등장하는 두 가지 보물인 칼과 반지는 모조리 지그프리트의 손으로 들어간다. 그가 칼의 영웅이자 반지의 영웅이다. 지그프리트는 칼로 용을 죽여 반지를 얻고, 반지로 사랑을 얻는다. 또는 사랑을 얻고 반지를 선물한다. 그러면서 반지의 기능이 작품의 중간에 변화한다. 처음에 반지는 절대 권력을 얻을 수 있게 해주는 보물이었지만, 지그프리트에서 반지는 사랑의 정표로 바뀐다.[1] 그러나 그 어떤 파괴적인 힘을 지닌, 그 어떤 저주가 걸린 정표였던가?!

〈발퀴레〉에서 보탄의 자식들인 브륀힐데, 지그문트, 지글린데가 온갖 운명적인 법석을 떨지만, 그것은 모조리 지그프리트의 탄생으로 귀결된다. 지그프리트라는 영웅의 등장을 위해 봄부터 소쩍새가 울어대는 셈인데, 이로써 작품 전체의 주인공이 누군지가 비교적 분명해진다. 이어서 그의 짧은 생애의 전반부와 후반부가 차례로 마지막 두 작품에 나뉘어 나타난다.

앞부분이 용을 죽이고 사랑을 얻는 지그프리트, 뒷부분은 지그프리트의 죽음이다. 바그너는 지그프리트의 죽음을 보탄 세계의 붕괴와 연결시켰다. 따라서 원래 신들과 거인들 사이에 벌어지는 거대한 전쟁을 뜻하는 "라그나뢰크"의 의미도 여기서 상

---

1 지그프리트가 반지의 원래 효능을 알지도 못한 채 반지를 오로지 사랑의 정표로만 사용한다는 점에서 반지의 영웅 지그프리트는 "사랑"을 최고로 여기는 사랑의 영웅이다. 그리고 이런 맥락에서 그는 사랑을 저주하는 난쟁이 알베리히의 상대역이 된다. 지그프리트를 "사랑"의 영웅으로 보면, 《니벨룽의 반지》 전체를 새로운 관점에서 관찰할 수 있게 된다. 그리고 이렇게 보아야 비로소 브륀힐데가 인간들에게 남기는 (작곡하지 않은) 메시지의 의미도 분명해진다.
"재물도, 황금도, 신적인 화려함도 말고……
오로지 아픔과 즐거움을 지닌 채 사랑만이 남아 있게 하라."

징적인 뜻으로 바뀐다. 반지의 주인이 거듭 바뀌면서 보탄의 세계도 한걸음씩 파멸을 향해 나아가다가, 마지막에 지그프리트 장례식의 불길과 함께 보탄의 세계도 붕괴하는 것이다.

"오로지 아픔과 즐거움을 지닌 채
사랑만이 남아 있게 하라!"

여성인물

　이야기 전체에서 우리의 눈길을 가장 많이 사로잡는 부분은 여성인물의 비중이다. 언뜻 남성적인 줄거리가 작품을 지배하는 것처럼 보인다. 지그문트와 지그프리트가 전체 분량의 대부분을 차지하고, 그들의 활발한 활동내용으로 영웅 전설의 대부분이 채워지고 있으니 말이다. 하지만 질적인 측면을 고려해서 줄거리를 다시 관찰하면 전혀 다른 양상이 드러난다.

　우선 지그문트와 칼의 이야기를 기억해 보라. 오딘의 칼은 지그문트에게 주어졌다. 하지만 이 칼은 지크가이르의 탐욕을 일깨웠다. 그런 탐욕이 얼마나 위험할 수 있는지를 가장 먼저 알아차린 사람은 지그니였다. 그녀는 아버지에게 혼인을 깨자고 말했으나 받아들여지지 않았다. 석 달 뒤 아버지와 형제들이 지크가이르의 나라로 찾아왔을 때도 그녀는 사실을 근거로 다시 경고했으나 여전히 받아들여지지 않았다.

아버지는 아버지의 길을 갔고, 그렇게 지그문트만 빼고 형제들과 아버지가 모두 죽었다. 그나마 지그문트가 살아남은 것도 오로지 지그니의 힘이었다. 그를 숲에서 살린 것도 지그니가 한 일이오, 그에게 큰 힘이 되어줄 아들을 낳은 것도 지그니가 한 일이다. 그리고 지그문트와 아들이 산 채로 무덤에 갇혔을 때도 지그니가 칼과 먹을 것을 넣어 주어 그들을 구원했다. 그러니까 지그니가 칼을 되찾은 사람이다.

그녀는 지크가이르와의 사이에 얻은 자식을 하나도 남김없이 죽이고 나서 자신도 불에 타서 죽고 말았다. 지그니가 없이 지그문트의 복수가 가능했겠는가? 아버지의 복수 과정에서 지그문트의 행적은 실은 모조리 지그니가 한 일이다. 그냥 지그문트의 이름으로 이루어졌을 뿐이다.

바그너는 쌍둥이 오누이 사이에 태어난 자식을 지그프리트로 바꾸었다. 그렇게 바꾸는 과정에서 이미 발퀴레 브륀힐데가 중대한 역할을 한다. 브륀힐데는 우선 거의 혼자만의 힘으로 태중의 지그프리트를 보호하고, 지그문트의 칼―실은 보탄의 칼ー동강을 수습해서 함께 보내고, 심지어 지그프리트의 이름까지 미리 정해 준다.

칼을 새로 만든 지그프리트는 그 칼로 쉽사리 용을 죽이고 나서 브륀힐데를 잠에서 깨운다. 여기까지가 그의 공적이다. 그 뒤로 지그프리트가 한 일이라고는 마법의 약에 취해서 브륀힐데를 배신하고, 저 자신의 목숨과 다른 수많은 사람의 목숨을 잃게 하는 사건을 저지른 것뿐이다. 그러므로 지그프리트의 운명을 핵심 기둥으로 삼는 오페라 줄거리에서 실질적인 추동력과 권한은 브륀힐데에게서 나온다. 〈발퀴레〉가 그렇고, 〈신들의 황혼〉에서도 이는 다르지 않다.

또한 망각의 약에 취해 제정신이 아닌 상태에 있다가 작품의 마지막에 겨우 깨어나지만 곧바로 죽임을 당한 지그프리트를 대신해서 작품 전체를 마무리하는 인물도 브륀힐데다. 이렇게 따지면 오페라 작품 전체를 이끌어가는 인물이 브륀힐데라고 보아야 할 것이다. 주인공을 단 한 명으로 줄여야 한다면 브륀힐데의 역할이 오히려 지그프리트의 역할보다 거의 더 커진다.

오페라에서는 지글린데의 역할이 극히 적어지는 대신 브륀힐데 한 사람에게 많은 의미가 넘어가며, 또한 지그문트의 역할이 줄고 지그프리트의 역할이 그만큼 더 중요해진다. 그리고 이렇게 남은 두 주인공인 지그프리트와 브륀힐데 중에서 지혜로운 여인 브륀힐데가 작품의 종결부를 지배한다.

　북유럽 신화세계에서, 그리고 중세 시대 바이킹 종족의 생활에서도 여성의 역할과 비중은 우리의 상상을 초월할 정도였다. 스웨덴의 바르까 마을에서 발굴된 무덤의 주인공을 DNA 분석한 결과, 키가 170센티미터 정도의 여전사였다는 것 등 바이킹 여전사들의 유골을 확인했다는 사실이 최근에 거듭 신문에 보도되고 있다.[2] 반지 이야기에 등장하는 여성인물들이 매우 대차고 용감한데, 바이킹 세계에서 이것이 단순한 상상이나 예외가 아니었음을 짐작케 하는 일이다.

2　2017년 9월 11일자 중앙일보, 2019년 11월 4일자 국민일보의 또 다른 '바이킹 여전사'

지구르트와 브륀힐데의 운명에서
남자의 욕망과 여자의 욕망

지구르트와 브륀힐데는 반지의 저주에 걸려서 사랑과 목숨을 잃어버린다. 반지를 노리는 사악한 세력이 반지를 빼앗기 위해 지구르트에게 마법의 망각 약을 먹이면서 그는 그토록 사랑하는 브륀힐데를 완전히 잊어버리고, 그러면서 이 모든 비운이 시작된다. 그리고 독자는 그들의 가여운 운명을 이해하고 또 동정한다.

하지만 마법의 망각 약을 먹지 않고도, 집만 벗어나면 제가 결혼했다는 것, 집에 아내가 있다는 것을 잊은 것처럼 행동하는 남자들이 얼마나 많은가? 그런 다음 다른 여자에게 빠져드는 경우는 또 얼마나 많은가? 그리고 우리 일상에서 이런 일들 때문에 얼마나 많은 사건들이 벌어지는가? 곰곰 생각해 보면 지구르트 이야기는 마법의 망각 약이라는 장치를 빌어 남자들의 보편적인 어떤 욕망을 다루고 있음을 알 수가 있다.

브륀힐데는 여기서 속절없이 지구르트의 행태를 바라보고 있다. 하지만 그녀의 복수심을 촉발한 것은 지구르트의 행태가 아니라 구드룬과의 싸움이었다. 구드룬과 브륀힐데는 강물에서 목욕하다가 평소의 원한도 있는 김에 싸움을 벌이는데, 그 싸움의 이유가 기묘하다. 두 사람이 직접 자신의 어떤 것을 두고 싸우는 게 아니라, "내 남편이 너의 남편보다 잘났다.", "내 아버지가 너의 아버지보다 더 권력이 크다."며 싸움질이다.

이것 또한 주변에서 많이 보던 풍경이라는 생각이 들지 않는가? 결혼한 여자들이 흔히 남편의 능력이나 지위, 아이들의 공부 능력을 두고 다투는 모습, 그러니까 "내가 너보다 더 예쁘다." 고 다투던 처녀 시절이 지나고 나면 시작되는 이런 식의 싸움질 말이다. 이런 싸움 끝에 참지 못하고 구드룬이 중대한 비밀을 발설했고, 그것이 상상을 초월하는 파국을 불러들인다.

그러니까 반지의 저주와 마법 약의 효능이 없어도 남자들의 행동과 여자들의 행동이 지닌 어떤 보편적 특성이 이 이야기에 드러나 있는 것을 볼 수가 있다. 그렇게 따지면 이들의 운명은 평범한 남녀의 특성에서 나오는 평범한 행동이 불러온 무서운 결과라고 볼 수도 있다. 신화에 등장하는 비극이란, 우리 무의식에 감추어진 욕망이 노골적으로 드러나면서 생기는 현실적인 비극이라는 설명이 여기서 설득력을 얻는다.

"영원히 여성적인 것"

4부작 오페라 《니벨룽의 반지》는 맨 처음에 물의 음악으로 시작하고 맨 마지막에도 물의 음악으로 끝난다. 〈라인의 황금〉은 시작과 끝이 물이고, 〈발퀴레〉는 바람과 폭풍으로 시작하여 불로 끝난다. 〈지그프리트〉는 불로 시작해서 불타는 사랑으로 끝을 맺고, 〈신들의 황혼〉은 공중에서 노른들의 노래로 시작하여 물로 끝난다.

라인의 딸들은 물을, 에르다와 노른들은 대지를 구현한다. 그밖에 폭풍이나 바람은 공기고 불은 불이다. 원래 오페라 줄거리에는 갈등이 끊이지 않으면서 어디서나 불이 등장한다. 불의 신 로키가 말썽을 시작하고, 싸움 장면마다 불꽃이 튄다. 자세히 관찰하면 지수화풍地水火風 4대 원소가 오페라 곳곳에서 음악으로 변환되어 직접 등장하는 것을 볼 수 있다. 물과 대지는 여성적인 힘, 바람과 불은 남성적인 힘이다. 또는 음과 양이다.

라인의 딸들은 이렇게 노래한다.

"그것은[라인의 황금] 오직 깊은 곳에서만
믿을 수 있고 충실해.
저 위에서 기뻐하는 것[황금반지]은
가짜에다 비겁한 것!"

라인의 황금은 물속에 있을 때만 믿을 수 있고, 물 밖으로 나오면 거짓으로 바뀐다. 물속에서만 원래의 질서에 속한다는 말이다.

보탄이 다스리는 세계에서 온갖 권력다툼과 흥망성쇠는 세계를 움직이는 힘이고, 우리의 눈길은 먼저 이토록 활발하게 움직이는 쪽으로 끌린다. 그래서 북유럽 신화를 처음 접하는 사람들은 토르의 망치와 로키의 간교함과 오딘의 지혜에 주로 눈길을 준다. 하지만 이렇게 일어났다 멸망하는 남성적인 힘의 배후에 여성적인 힘이 감추어져 있다. 처음에는 눈에 잘 띄지 않지만 천천히 남성적인 것과는 전혀 다른 파워가 거기 있음을 깨닫게 된다.

반지나 재물, 권력 등을 두고 서로 갈등하고 다투는 남성적인 힘, 흥망성쇠를 이끄는 불의 힘이 아니라 그 아래서 잠잠한 대지와 끝없이 흐르는 물이 더 오래 지속하는 세계다. 오페라에서 이런 수동적 자연의 힘이 훼손되면서 시간을 두고 세계질서가 파멸에 이른다.

보탄은 라인의 딸들이 황금을 도둑맞으면서 시작되는 자연질서의 훼손을 복구하려 하지 않고, 오히려 그 자신도 세계나무의 가지를 잘라 창을 만들면서 대지를 훼손한다. 긴 시간이 흘러도 복구되지 않고 훼손된 채로 남아 있던 수동적인 힘들은 결국 보탄의 세계를 멸망으로 이끌고야 만다. 부드러운 힘인 물이 더욱 견고한 힘을 이기면서 보탄의 강고한 세계가 멸망하는 것이다.

228

독일의 작가 토마스 만은《니벨룽의 반지》에 대한 설명을 다음과 같은 말로 끝맺는다.[3] "바그너의 진짜 예언은……. 〈신들의 황혼〉 마지막에 울리는 천상의 멜로디다. 이 멜로디는 독일의 또 다른 생명시詩, 세계시詩의 마지막 구절과 동일한 내용을 말한다." 그러면서 그는 괴테《파우스트》의 맨 마지막 구절을 인용한다.

"영원히 여성적인 것이
우리를 위로 끌어올리나니."

엄청난 동력을 지니고 끊임없이 행동하면서 지치지 않고 앞으로 나아가는 파우스트의 남성적인 활동력이 아니라, 쉽사리 무너질 것 같은 수동적인 여성적 힘이 우리를 천상으로 이끌어 간단다. 괴테의 대작을 마무리하는 이 유명한 구절은 얼른 소화

---

3   취리히 시립극장의《니벨룽의 반지》전곡全曲 공연을 계기로 1937년 11월 16일에 취리히 대학교에서 행한 강연. 제목은 '리하르트 바그너와《니벨룽의 반지》'. 발표된 잡지는, *Mass und Wert* (Zürich), Vol. 1, No. 3, 1938

되지 않고 오랫동안 수수께끼처럼 기억에 남게 된다.

오랜 시간 의문을 품은 채 생각을 거듭해야만 비로소, 여기 나오는 "영원히 여성적인 것das Ewig-Weibliche"이란 동양사상에서 음양陰陽의 "음"과 비슷한 것임을 깨닫게 된다.[4] 그리고 이런 사유가 괴테의 입에서 나왔다는 사실에 몇 번이고 거듭 놀란다. 여성적인 힘에 대한 이 깨달음은 파우스트의 길고 치열한 여정의 결구結句로 등장하기 때문이다.

그리고 토마스 만에 따르면, 동일한 사유가 바그너의 오페라 《니벨룽의 반지》의 종결부를 지배한다. 오페라의 시작 부분에 울려나오는 물의 음악이 오페라의 마지막에 다시 울리는 것을 기억에 떠올리면, 천천히 이게 대체 무슨 말인지 이해하게 된다. 오페라에서 펼쳐지는 세계의 흥망성쇠의 배후에, 수동적인 힘인 물이 처음부터 끝까지 변함없이 남아 있는 것이다.

이들 위대한 독일 작가들(괴테와 토마스 만)과 음악가(바그너)

---

4 리햐르트 빌헬름은 그의 유명한 《도덕경》 번역판에서 괴테의 "영원히 여성적인 것"이라는 개념을 여기저기서 이용한다. 예를 들어, 6장의 독어 번역은 다음과 같다.
 "골짜기의 정신은 죽지 않는다谷神不死.
 이것이 영원히 여성적인 것이다是謂玄牝.
 영원히 여성적인 것의 문門은 하늘과 땅의 근원이다玄牝之門 是謂天地根.
 이것은 끊임없이 앞으로 나아가면서도 마치 머물러 있는 것만 같으니綿綿若存,
 그 작용함에 지침이 없다用之不勤."

의 깨달음은 노자의 말씀과 별반 다르지가 않다.

"최고선은 물과 같다_{上善若水}."

맺는 말
◇◇◇◇◇◇◇◇

순환하는 반지를 따라 우리도 한 세상을 빙 돌았다. 언뜻 단순한 이야기로 보였지만, 반지의 순환 중에 운명의 연인들은 저주에 걸려 이승을 떠나고, 한 세상이 멸망하여 사라졌다. 이 모든 이야기는 다 읽자마자 벌써 한순간의 꿈이었던 듯 우리 기억에서 멀어지며 아물거리는데, (라인) 강은 마치 그 자리에 멈춘 듯 아직도 계속 흐른다.

이야기 속에 감추어진 무의식의 욕망들과, 물의 음악과 불의 음악, 그리고 남성적인 것과 여성적인 것에 대해 우리는 도중에 잠깐씩 생각했다. 그 모든 것은 끊임없이 이어지는 강물 같은 시간 속에 잠깐 등장했다가 도로 사라지는 것들이다.

로키 신이 거인 여인과의 사이에 얻은 괴물 자식 셋 중 둘째인 요르문간드르는 너무 거대한 뱀이라 중간계를 한 바퀴 빙 둘러싸고 제 꼬리를 입에 물고 있다. 이 초대형 뱀은 라그나뢰크의 시간에 토르 신의 상대역으로, 둘이 서로 죽고 죽이는 사이다. 이들은 라그나뢰크 이전에도 몇 번 만난다.

제 꼬리를 입에 문 뱀은 다시 반지 모양이다. 라그나뢰크의 괴물인 뱀이 보여주는 반지 모양은, 반지가 라그나뢰크의 상징이기도 하다는 것을 알려준다.

그러므로 우리 이야기에서 반지는 원래 부(富)를 쉽게 모을 수 있도록 해주는 보물이었지만, 연인들 사이에서는 사랑의 정표가 되었고, 그 사랑이 물거품처럼 허무하게 꺼지면서 한 세상이 붕괴할 적에 이번에는 요르문간드르의 모습으로 라그나뢰크의 상징이 된다. 반지의 순환을 따라 한 세상을 빙 돈 우리도 여기서 멈추기로 하자. 우리 이야기도 이제 끝에 이르렀으므로.

1. 거인들과 신들

그리스 신화나 북유럽 신화는 체계가 매우 잘 갖추어져 있다. 먼저 세상이 생겨난 과정이 설명되고 이어서 신들이 태어난다. 즉 신들은 갑자기 툭 튀어나오는 것이 아니라 모조리 태어난 존재들이다. 그렇다면 누가 그들을 낳았나? 거인들이 신들을 낳았다.

(1) 그리스의 신들

그리스 신화에서 하늘과 땅이 교접하여 열두 명의 거인들이 생겨나고, 이어서 이들 중 남자거인 크로노스와 여자거인 레아가 결합하여 여섯 명의 신들이 태어난다. 오누이 거인이 결합하여 그 결과 신들이 태어나는 것이다. 이들보다 먼저 생겨나는 것이 아프로디테 여신이다. 사랑과 미의 여신은 크로노스가 아버지를 거세하면서, 하늘[우라노스]의 잘라진 남근이 변해서 생긴 존재이니, 태어난 신이 아니라 그냥 하늘의 남근이다. 이 세상 만물의 무한 다산성을 나타내는 아프로디테 여신은 당연히 인간의 모든 도덕성의 저편에 있다.

아버지를 거세하고 세계 지배 권한을 장악한 거인 크로노스는 제 자식들이 두렵다. 제가 한 짓이 있으니 제 아들들도 제게 같은 짓을 하리라 생각하지 않을 수가 없는 것이다. 그래서 아내 레아가 임신 기간을 거쳐 자식을 낳으면 강보째로 삼켜버린다. 그렇게 다섯 명의 자식을 이미 삼켰다. 여섯째가 태어날 적에 화가 난 어머니 레아는 태어난 아들을 뒤로 빼돌리고, 남편에게는 대신 강보에 싼 돌덩이를 내준다. 제 아들을 삼키는 크로노스도 마음이 불편해선지 차마 아들 얼굴을 쳐다보지도 못하고 고개를 돌린 채 받아 든 돌덩이를 자식인 줄로 여기고 꿀꺽 삼켰다.

이렇게 빼돌린 아들을 레아는 크레타 섬으로 보냈다. 그곳에서 양치기 손에 자란 여섯째 제우스는 타르타로스에 갇혀 있던 삼촌-고모-이모 거인들을 모조리 풀어주고 이들과 힘을 합쳐 아버지를 제압한다. 제압당하자 크로노스는 뱃속에 갇혀 있던 아들 딸 다섯을 고스란히 도로 토해 낸다. 그런 다음 제우스는 삼촌 – 고모 – 이모들과 함께 아버지 어머니마저 모조리 타르타로스로 보낸다. 그리고 이제 제우스가 다스리는 세상이 된 것이다.

그가 올림포스의 최고신이다. 아버지 뱃속에 들어갔다가 도로 나온 형제자매들은 하데스, 포세이돈, 헤라, 데메테르, 헤스티아 등이다.

이 이야기는 물론 해석이 필요하다. 거인 크로노스Chronos라는 이름은 고대 그리스의 일반명사로 "시간"을 뜻한다. 곧 크로노스는 시간이니, 시간은 제 자식을 잡아먹는다. 시간 속에 태어난 우리 모두는 시간에게 먹혀 삶을 마친다.

그렇다면 신들은? 그들은 시간을 벗어난 존재, 곧 시간에게 먹히지 않는 존재다. 제우스는 한 번도 먹힌 적이 없고, 나머지 다섯 명은 시간의 뱃속으로 들어갔다가 도로 나왔다. 어쨌든 죽지 않는 존재다. 신들은 죽지 않는immortal 존재다. 제우스는 혼돈의 세상을 정리해서 인간이 살 수 있도록 질서를 잡았다. 그에 반해 인간은 필히 죽는mortal 존재다.

그리스 신화에서는 얼마나 오래인지 모르나 하늘이 우주를 다스리던 시절이 있었고, 그런 다음에야 우여곡절을 거쳐서 인간이 살 만한 우주 질서cosmos가 잡힌 시절이 시작된다. 우주는 인간과 더불어 시작되지 않으며, 인간 존재와 인간의 질서 및 도덕률 이전에 또 다른 태고의 힘들이 있었다. 옛 사람들의 믿음은 이런 근원적인 강력한 힘들을 인정하고 있다.

(2) 북유럽의 신들

북유럽의 신들도 태어난 존재들이다. 다만 이들에게는 언제부턴가 죽음과 몰락의 운명이 정해져 있었다. 여러 예언자들이 거듭 그것을 확인하고 있다.

세상의 맨 처음에 추위와 더위가 있고, 추위와 더위가 만난 자리에 얼음판이 생겨났다. 시간이 얼마나 흘렀을까? 이 얼음판에서 천천히 거인 하나와 암소 한 마리가 솟아났다. 그렇게 생겨난 거인은 암소 젖을 먹고는 잠이나 자는데, 그가 자는 사이에 그가 흘린 땀에서 거인들이 생겨났다. 거인이 아무 일도 안 하지만 저절로 거인들이 생겨난다. 그렇게 또 시간이 흐르는데 암소가 핥아먹던 소금돌이 남자["아버지"라는 이름]로 변한다. 암소의 입김과 소금돌이 합쳐져서 생겨난 존재다. 이 남자는 저 혼자서 아들 하나를 만들어 낸다.

저절로 생겨난 존재들은 이것으로 끝이다. 이제는 소금돌이 변한 아버지의 아들과 거인의 후손 딸이 결합하여 오딘과 형제들[빌리와 베]을 낳는다. 신들은 이렇게 태어나서 자랐다. 그러니까 북유럽의 신들도 거인들의 후손이다. 소금돌−아버지는 딱히 거인이라 할 수 없지만, 그도 저절로 생겨난 존재이니 신보다는 오히려 거인에 가까운 존재다.

신들이 보니 저 태초 거인 이미르가 도무지 너무 많은 거인을 만들어 내고 있다. 세상은 거인으로 가득 차고, 그 사이 어디에도 이렇다 할 질서란 없었다. 오딘과 형제들은 힘을 합쳐서 태초 거인을 죽였다. 그 거대한 몸에서 흘러나온 피가 세계바다다. 그동안 태어난 수많은 거인들이 모두 그 바다에 빠져죽고 한쌍만 남는다. 이들이 모든 거인들의 조상이다.

오딘과 형제들은 죽은 거인의 몸으로 우주를 만들어 낸다. 거인의 두개골이 하늘이 되고, 골수는 구름이 되고, 그의 몸은 땅이 되고, 몸속의 뼈들은 광물이 되고, 거인의 털들은 나무와 풀이 된다. 그리고 거인의 살에서 생겨난 구더기들을 신들은 난쟁이로 만든다. 난쟁이들은 땅속에 살면서 그곳의 광물을 매우 잘 알고 있으니, 뒷날 뛰어난 대장장이들이 된다. 그리고 시간과 방향을 만들어 내고, 태양과 달, 별들도 만들고 세상의 질서를 잡는다. 신들은 많은 다른 신들을 낳고, 수많은 모험을 계속한다.

신들은 나중에 바닷가를 돌아다니다가 거기서 나무 두 그루를 발견하고 그것으로 인간 남자와 여자를 만든다.

앞서 말했듯이 오딘의 세계에는 몰락이 정해져 있었다. 특히 여자 예언자 뵐바volva가 들려주는《에다》1번에는 신들의 종말에 대한 이야기가 아주 분명하게 나타나 있다. 신들이 모두 일어나 모든 거인들과 맞붙어 싸우다가 양쪽이 모두 죽는다는 예언이다. 거인들과 신들의 최후의 전쟁이 라그나뢰크이다.

신들이 죽는다는 것은 북유럽 신화의 가장 큰 특징이며 그리스 신화와 다른 점이다. 다만 이들이 거인들과 싸우다가 죽는다는 예언은 음미할 필요가 있다.

거인이란 무엇인가? 이 세상을 구성하는 물질이다. 신들은 그것을 나누고 갈라서 질서를 부여한다. 등장한 순서대로 보면 물질 재료가 더욱 앞서 있고, 더욱 근원적이다. 신들의 세계가 몰락하는 배후에는 신들이 만든 세계질서가 문제를 일으키면서 물질재료와 말썽을 빚고, 그것이 우주의 붕괴로 이어진다는 해석이 가능하다.

오늘날 인간이 만든 온갖 기술로 환경을 파괴하면서 우리가 지구의 붕괴를 염려하는 것과 근본 구조가 동일하다.

(3) 거인과 신과 인간

오늘날 우리는 과도하게 인간의 업적과 질서에 둘러싸여 살면서, 고대인들이 세계의 생성을 설명하려고 한 이런 이야기들에서도 인간적 질서를 먼저 보는 경우가 많다. 하지만 신화의 문법은 인간적 질서의 저편에 있다.

맨 먼저 거인들이 생겨나고 이어서 거인들의 후손으로서 신들이 탄생한다는 것은 많은 내용을 함축한다. 신들은 인간을 위해 우주의 질서를 잡아준 존재들이다. 즉 우리가 살기에 적합한 질서 이전에 먼저 존재하는 것이 거인이다. 그리스 신화나 북유럽 신화에서 거인은 우주의 구성 물질을 가리킨다고 볼 수 있다. 이런 물질은 혼돈 상태에서 서로 마구 뒤엉켜 있다.

이것을 나누고 갈라서 우리가 살 수 있는 질서를 만들어 내는 존재가 바로 신들이다. 신화는 이것을 "죽이는 일"이라고 표현한다.

제우스는 세계를 지배할 권력을 차지한 다음 삼촌-이모-고모-아버지-어머니들을 모조리 타르타로스로 보낸다. 잔인

한가? 이 분들이 거기서 쉬는 것이 인간이 살기에 좋은 질서를 만들어 내는 일이다. 그리고 태초 거인 이미르는 우리가 살고 있는 지구와 나머지 별들이고, 땅이며 바다며 강이고 나무며 풀들이다. 신들이 지금처럼 나누어 놓았다.

신이 거인을 "죽인다"는 신화의 언어를 제대로 이해해야 토르가 망치를 들고 하는 일이 이해가 된다. 토르는 맨날 망치로 거인들을 때려죽이는 일을 하고 있으니 말이다. 하지만 북유럽의 자연은 얼음산, 얼음들판, 얼음바다이다.

여기서 인간이 살 만한 공간은 없다. 토르는 망치를 들고 이 얼음을 깨뜨리는 일을 맡고 있다. 얼음을 깨야 거기서 인간이 농사도 짓고, 또 고기도 잡지. 그래서 토르는 천둥신이기는 해도 번개신은 아니다. 그가 망치를 내리칠 때 천둥소리가 나기 때문인데, 물론 천둥소리가 날 때 불꽃도 조금 일 수는 있겠지만 그것이 핵심이 아니라 천둥소리와 함께 물질세계의 잠금장치를 깨부수기 때문에 그는 천둥신이다.

그러므로 신화의 문법을 잘 모르면 신화를 잘못 해석하게 된다. 토르는 전쟁신이 아니다. 지금 얼마나 많은 사람들이 토르를 전쟁신으로 여기는가? 북유럽 신화에서 전쟁신은 토르가 아니라 오딘이다. 오딘이 전쟁을 관할하는 신이고, 그래서 바이킹 용

사들이 오딘을 최고신으로 섬겼던 것이다. 토르는 농업의 신이다. 그리고 바이킹 시대에나 현대에도 가장 사랑받는 신이다.

토르의 운명이 뒤늦게 사나워져서 팔자에도 없는 전쟁신처럼 여겨지고는 있지만, 그는 아직 혼돈상태인 물질을 다듬어 인간에게 농사지을 터전을 마련해 주는 일을 한다. 파괴적인 전쟁신이 아니라 생업과 창업터전 마련의 전문가이니 가장 생산적인 생명의 신이기도 하다.

(4) 난쟁이와 아홉세계

신화에 등장하는 난쟁이는 왜소증에 걸린 인간을 가리키는 말이 아니다. 난쟁이는 아예 인간과는 다른 별종이다. 이미르의 살에 생겨난 구더기로 만들었다는 난쟁이는 땅에서 생겨난 땅의 존재들이다. 땅속의 사정을 잘 알고 있으니, 귀한 광물을 캐내서 그것으로 불을 이용해 온갖 장신구와 무기와 보물을 만드는 대장장이들이다. 이들의 솜씨는 초인적이다.

난쟁이 종족은 둘이니 하얀 난쟁이와 검은 난쟁이가 있다. 땅속 대장장이들은 검은 난쟁이다. 하얀 난쟁이는 하늘 가장자리에 사는 요정족이다. 난쟁이 말고 신들도 두 종족이 있어서,

아제 신들과 바네 신들이 있으며, 이들의 세계는 모두 하늘에 있다. 이로써 모두 여섯 종의 종족들이 등장했다. 신족 둘, 난쟁이족 둘, 거인족 하나, 그리고 인간. 이들은 각기 사는 세계가 따로 있으니 이미 여섯 세계가 등장한 셈이다. 여기에 헬이 다스리는 명부가 있고, 태초에 존재하던 추위세계 니플하임과 더위세계 무스펠하임이 더해져서 아홉세계가 된다.

(5) 노른과 발퀴레

이들은 단독으로 활동하는 존재가 아니라 3의 배수로 등장하는 여신들이다. 신들이기는 하지만 신격이 밀린다. 이들은 출신 성분이 퍽 다양해서 인간계 출신도 있었다고 한다. 발퀴레와 노른들은 모두 처녀신들로서, 자주 남성 신이나 인간 영웅의 애인이 되고, 그들과 혼인한다.

대표적인 노른 여신은 "운명의 3여신"으로 불리는 우르트, 베르단디, 스쿨트가 있다. 이들은 아스가르드로 뻗은 우주나무 이그드라실의 뿌리와 연결된 "운명의 샘[=우르트의 샘]"에서 우주나무를 보살피면서 실을 자아 신들과 인간들의 운명을 알아낸다. 다만 이들은 자기들이 알아낸 비밀을 절대로 발설하지 않는다.

발퀴레들은 "전쟁터에서 영웅을 골라내는" 역할을 맡고 있다. 이들은 완전무장하고 하늘을 나는 말을 타고 다니면서 용사들의 영혼을 골라내 아스가르드의 발할로 데려간다. 그 밖에도 오딘 신의 여러 명령을 수행한다. 많은 영웅들이 발퀴레 여신 출신 여성과 결혼한다. 그리고 이 책에서도 브륀힐데가 바로 그런 인물이다. 따라서 우리 눈에 무시무시한 발퀴레 여신은 바이킹 세계 최고의 신붓감이었음을 짐작할 수 있다. 발퀴레들이 매우 독립적이고, 지혜롭고 당당하며 무시무시한 모습임을 생각하면, 우리가 생각하는 이상적인 여성들과는 거리가 있다.

2. 영웅Hero이란?

그리스 신화나 북유럽 신화에서 신들의 이야기 뒤에는 영웅 전설이 따라 붙는다. 신화에 붙어 있는 영웅전설에서 영웅들은 대체로 신과 인간 사이에서 태어난 사람들이다. 그러니까 주로 신의 아들들이다. 부모 양쪽이 모두 신이면 물론 신의 세계에 속한다. 영웅들은 흔히 신들과 인간계의 중간에 속하지만, 일단은 인간계에 머물고 따라서 인간의 험난한 운명을 겪는다.

가장 인기 있는 아버지는 물론 양쪽의 최고신들이다. 그야 최고신의 아들이 가장 용감할 테니 이해가 되는 일이다. 하지만 아킬레우스처럼 여신의 아들도 있고, 영웅의 개념을 조금 넓혀서 꼭 신의 아들이 아니라도 고귀한 혈통으로 특별한 공적을 세운 사람이 영웅으로 승격되는 경우도 있다.

최고신의 아들이라는 영웅들 덕분에 흥미로운 모순이 생겨난다. 최고신들은 신들의 세계에 아내를 놓아둔 채로 인간 여성과 이런저런 관계를 맺기 때문이다. 최고신의 아내인 헤라나 프리크는 모두 결혼을 수호하는 여신들인데, 자기들의 결혼만큼은 제대로 수호하지 못한다. 남편이 온 세상을 돌아다니며 자주 이런저런 문제들을 만들어 내고 바람을 피우건만, 이들 결혼을 수호하는 최고 여신들은 힘없는 인간 여자를 괴롭히거나 아니면 남편에게 바가지를 긁는 게 고작이다.

최고신들은 흔히 아내의 당연한 분노 앞에서 바람피운 상대 여자나 자식을 나 몰라라 내팽개치고 뒤로 물러나곤 한다. 그런 탓에 이렇게 태어난 최고신의 자식은 아버지의 보호는커녕 여신의 핍박이나 면하면 다행이다.

그래서 영웅의 기구한 운명이 시작된다. 출생으로 보아 아마도 특별한 능력을 타고 났을 테지만, 아버지의 보호를 받지 못하고 많은 경우 어머니마저 잃어버리고 고아처럼 자라게 된다. 부모의 도움 없이 고생스럽게 자란 아이는 성년이 되면, 일단 자기가 신의 아들로서 탁월함을 지녔다는 사실을 온 세상에 입증해야 한다. 그래야 영웅계에 이름이라도 올린다. 이 처음의 고난을 성년식, 또는 입사식Initiation이라 부른다. 이것은 생략되는 경우도 있지만, 많은 영웅 이야기의 주인공은 먼저 입사식을 거치고 나서 본격적인 영웅의 행보에 들어간다.

그리고 이런 입사식은 보통의 인간에게도 나타난다. 특히 원시적인 종족들 사이에서 사내아이들은 일정한 나이에 이르면 영웅적인 통과의례를 거쳐야 했다. 계집아이들 역시 많은 문화권에서 통과의례를 거쳤다. 그러니까 입사식은 영웅만의 과제가 아니고, 옛날에는 모든 인간이 자기가 어른이 되었음을 사회에 입증하고 나서야 혼인 등 통상적인 사회의 어른으로 인정받을 수가 있었던 것이다.

영국의 로드 래글런Lord Raglan은《영웅The Hero》이라는 책에서 많은 영웅 이야기들을 비교해서 영웅 이야기가 지닌 일정한 틀을 찾아냈다. 영웅은 특별한 혈통으로 태어나지만 아버지의 보호를 받지 못하고, 흔히 양부모 밑에서 자란다. 잘 알려지지 않은 상태로 자라서 원수를 갚거나, 거인 또는 용이나 야수와 싸워서 승리한다. 그런 다음 대개 공주와 결혼하고 왕이 되지만, 머지않아 왕좌와 성에서 추방되어 특이한 죽음을 당한다. 시신은 매장되지 않지만, 그런데도 자주 영묘를 얻고 후세에 이름을 남긴다.

조셉 캠벨Joseph Campbell은《천의 얼굴을 가진 영웅》이라는 책에서 영웅 이야기의 핵심을 다음과 같이 요약하고 이를 신화소Mythem라 불렀다. 캠벨이 지적하는 신화소, 곧 신화의 핵심요소는 다음과 같다.

"영웅은 일상적인 삶의 세계에서 초자연적인 경이의 세계로 떠난다. 여기서 그는 엄청난 세력과 만나고, 결국은 결정적인 승리를 거둔다. 영웅은 이 신비스러운 모험에서 동료들에게 이익을 줄 수 있는 힘을 얻어 현실 세계로 돌아온다."

그러니까 영웅은 일상의 세계를 벗어나 특별한 곳으로 갔다가, 거기서 무언가를 얻어서 다시 일상으로 돌아온다는 것이다. 그가 영웅이 된 것은 바로 "동료들에게 이익을 줄 수 있는 힘"을 가져오기 때문이다. 이것을 줄여 표현하면 '홈커밍 스토리Home Coming Story'가 된다.

홈커밍 스토리를 흥미로운 스포츠로 바꾼 것이 야구 경기다. 선수는 일단 출루를 해야 한다. 출루하지 못하면 아예 이번 경기에서 탈락이다. 1루나 2루로 나가면 그 다음에는 결단코 집으로 돌아와야 한다. 돌아오지 못하면 모조리 헛일이다. 그가 돌아오면? 1점 점수가 난다. 이 점수가 바로 '동료들에게 이익을 주는 힘'이다. 특별한 경우에는 한 방에 나갔다가 들어오기도 하고, 심지어 다른 이들까지 데리고 들어오기도 한다. 어쨌든 야구 경기를 좋아한다면 홈커밍 스토리의 또 다른 버전인 영웅 이야기도 비슷한 구조를 가진 것을 쉽사리 이해할 수 있을 것이다.

| ㄱ |

공포투구 Oegishjalmr, Aegishjalmr, Schreckenshelm: 태고의 농부 흐라이트마르가 가졌던 투구. 이 투구를 쓰면, 그것을 본 모든 존재가 공포를 느꼈다. 흐라이트마르의 아들 파프너를 거쳐 지구르트에게로 넘어갔지만,《에다》에서 이에 대한 언급은 더 이상 나오지 않는다.

《니벨룽의 반지》에서는 "변신투구Tarnhelm"가 등장하는데, 이는 알베리히의 상세한 지시에 따라 미메가 만든 것. 이것을 쓰면 변신이 가능하고, 또한 순간이동도 할 수 있다. 지그프리트가 변신투구를 이용한다.

구드룬 Gudrun: 기우키 왕가의 딸. 망각의 약을 먹고 브륀힐데를 잊은 지구르트와 혼인하여 자식을 여럿이나 둔다. 지구르트가 죽은 다음 그녀 자신도 어머니의 망각 약을 먹고 다시 시집가서 여러 종족을 멸망으로 이끄는 비운의 여인. 바그너에서 "구트루네"라는 이름으로 바뀐다.

구토름 Guttorm: 기우키 왕의 셋째 아들. 지구르트와 "형제의 맹세"를 맺지 않은 탓에 형들인 군나르와 회그니의 꾐에 넘어가 잠든 지구르트를 죽이고 자신도 그의 칼에 맞아죽는다.

군나르 Gunnar: 기우키 왕가의 장남. 바그너에서 "군터".

그니타 Gnita **황야**: 농부의 아들 파프너가 안드바리의 보물을 들고 숨은 장소.

이곳에서 그는 용으로 변신해서 보물을 지킨다. 라인 강 동편, 또는 덴마크의 히얄프레크 왕의 궁전에서 멀지 않은 곳으로 나오는데, 같은 장소일 수 있다.

그람 Gram: 난쟁이 대장장이 레긴이 지구르트에게 만들어 준 명검. 바그너에서는 "노퉁(Notung)"으로 이름이 바뀐다.

그림힐드 Grimmhild: 기우키 왕의 왕비. 마법 약을 조제할 능력을 갖추고 있다. 그녀가 만든 "망각의 약"이 지구르트의 마음에서 브륀힐데의 기억을 지운다.

기우키 Giuki: 라인 강변의 기우키 왕가의 왕. 바그너에서 "기비쿵"으로 바뀐다.

ㅣ ㄴ ㅣ

나글파르 Naglfar("죽은 자들의 배"): 죽은 자들의 손톱발톱으로 만들어진 배로, 세상에서 가장 큰 배. 거인 흐림르가 키를 잡고 무스펠의 아들들이 신들과 싸우기 위해 이 배를 타고 온다. 게르만 사람들은 이 배를 막기 위해서 죽은 자들의 손톱발톱을 잘라주어야 한다고 믿었다.

노른 Norn, 또는 노르네 Norne: 노른은 원래 3의 배수를 이루어 움직이는 여신들인데, 이들 중 아스가르드 "운명의 샘"가에 머무는 운명의 3여신이 가장 유명하다. 우르트, 베르단디, 스쿨트 등. 바그너 오페라에서 이들 운명의 3여신은 아버지가 밝혀지지 않은 채 에르다 여신의 딸들로 등장한다.

노퉁 Nothung: 바그너는 《에다》에 등장하는 명검 그람 대신 오딘이 선물한 칼의 이름을 노퉁이라고 불렀다.

니플하임 Niflheim: 어둠, 안개, 추위의 세계. 맨 처음에 생겨난 세계인데, 무스펠하임과 만나면서 세계가 시작된다.

| ㄹ |

라그나뢰크 Ragnarök: 신들과 거인들이 싸우다가 양쪽이 모두 죽고 오딘 신이 만든 세계가 붕괴되는 전쟁, 곧 최후의 전쟁이다. 그러니까 북유럽 신화는 오딘이 세계를 창조하면서 시작되어 라그나뢰크에서 오딘과 신들과 거인들이 모두 죽는 집단 죽음으로 끝나는 이야기다. 라그나뢰크를 독어로 번역한 것이 "신들의 황혼 Götterdämmerung"이다.

란 Ran: 바다거인 에기르의 아내. 커다란 그물로 뱃사람을 잡아가고, 때로는 배를 통째로 잡아 물속으로 끌고 들어간다. 란의 왕국은 뱃사람들의 저승.

레긴 Reginn: 흐라이트마르의 아들. 난쟁이로서 솜씨가 뛰어난 대장장이, 히얄프레크 왕의 대장장이다.

로두르 Lodurr: 다른 이름은 베(Ve). 형제인 오딘, 빌리(또는 회니르)와 함께 인간을 만들었다.

로키 Loki: 북유럽 신화에서 불의 신. 라그나뢰크의 신. 바그너에서 "로게"라는 이름으로 등장.

링비 Lingwi, Lingvi: 훈딩의 아들. 지그문트를 죽인다.

| ㅁ |

무스펠하임 Muspellheim: "무스펠"이란 말은 "불로 인한 종말"이라는 뜻을 품고 있다. 이 종말이 거하는 세계. 또는 불과 얼음만 존재하던 태초에는 불의 세계.

미메 Mime: 바그너에 등장하는 반지의 주인 난쟁이 알베리히의 동생. 미메는

"변신투구"를 만들었지만, 지그문트의 부러진 칼 "노퉁"을 새로 만들지는 못한다. 그것은 지그프리트가 직접 만든다.

| ㅂ |

바네Van, Wane: 아제Ase신들보다 더 오래된 신들. 마법과 평화를 사랑했으나, 오딘이 이끄는 아제 신들과의 한판 전쟁에서 패배하고 뒤로 물러났다. 사랑의 여신 프라야, 평화의 신 프라이르, 바다의 신 뇨르트 등은 원래 바네 출신이다.

발라Wala, **뷜바**Völva: 뷜바 또는 발라는 북유럽 신화에서 여자 예언자. 《에다》의 1번 〈뷜루스파Völuspa〉에 등장하는 뷜바가 가장 유명하다. 자주 죽은 여자 예언자이다.
바그너는 발라를 여신으로 승격시키고, 특히 "에르다Erda"라는 이름을 주어서 자신의 오페라에서 보탄의 운명이 나뉘는 중요한 두 번의 순간에 등장시키고 있다. 땅속에서 계속 잠자면서 꿈을 꾸는 여신이고, 그녀의 딸들이 운명의 여신 노른들, 보탄과의 사이에 얻은 아홉 명의 딸들이 발퀴레. 이는 모두 바그너의 창안이다.

발퀴레Walküre, **발키리**Valkyrie: 완전무장하고 하늘을 나는 말을 타고 전쟁터를 누비는 여신들. 3, 6, 9 등 3의 배수를 이루어 함께 다닌다. 전쟁터에서 용감하게 싸우다 죽은 혼령들을 발할로 데려간다. 바그너 오페라에 등장하는 발퀴레들은 보탄과 에르다 사이에 태어난 딸들.

발할Walhal, **발할라**Valhala: 오딘 신의 궁전. 전쟁터에서 용감하게 싸우다 죽은 혼령들이 머무는 전사들의 낙원. 발퀴레 여신들이 죽은 전사들의 혼령을 발할로 데려온다.

벨제Wälse: 바그너의 〈발퀴레〉에서 보탄 신이 인간계에 등장할 때의 이름. 벨제가 "늑대여인"과의 사이에 얻은 쌍둥이 자식이 지그문트와 지글린데다. 이들을 통칭할 때는 "벨중 가문"이라고 한다.

벨중Wäsung, **뵐숭**Völsung: 신화에서 오딘 신의 후손. 그의 자식들이 지그문트와 지그니.

보르길드Borghild: 지그문트의 아내. 자신의 동생을 죽인 의붓아들 진표틀리에게 독약이 든 술을 먹여 죽였다. 덕분에 지그문트에게서 쫓겨났다. 그녀는 지그문트와의 사이에 영웅 헬기Helgi를 낳았다.

보단, 보탄 Wodan, Wotan: 오딘의 영어 이름과 독어 이름.

부들리Budli: 브륀힐데의 아버지 부들리 왕.

비다르Vidarr("계속 지배하는 자"): 오딘의 아들 중 하나로, 라그나뢰크 때에 펜리르 늑대가 오딘을 잡아먹자, 비다르가 나서서 쇠구두로 늑대를 밟아 누르고 그 아가리를 찢어 죽여서 아버지의 죽음에 복수한다.

| ㅅ |

스바르트알프하임Swartalbheim: 검은 난쟁이들의 세계. 검은 난쟁이는 대장장이들이다. 따라서 스바르트알프하임에는 난쟁이들의 대장간이 있고, 여기서는 불을 이용한다. 불의 신 로키와 특별한 관계를 맺고 있다.

| ㅇ |

아스가르드Asgard: 아제 신들의 세계. 하늘세계 한가운데 있다. 그 한가운데

오딘의 궁전 발할이 있다.

아스크르Askr(물푸레나무)**와 엠블라**Embla(느릅나무): 오딘, 회니르(빌리), 로두르(베)가 두 그루 나무로 만든 최초의 인간 남자와 여자.

아제, 아스 Ase, As: 전쟁신 오딘을 주축으로 하는 신들. 바네 신들과의 한판 전쟁에서 승리하면서 세계 지배권을 갖게 된다. 그들의 세계가 아스가르드.

아틀리Atli: 부들리 왕의 아들로 브륀힐데의 오빠. 지구르트가 죽은 다음 구드룬은 아틀리와 재혼한다.

아홉세계: 북유럽 신화에 등장하는 독특한 공간구성 방식. 우주에는 아홉세계가 있다. 하늘세계 셋, 중간계와 거인들의 세계(요툰하임), 그리고 난쟁이들의 세계인 스바르트알프하임, 헬의 왕국, 또 추위세계인 니플하임과 불의 세계 무스펠하임이 있다.

안드바리Andvari: "조심스러운 자"라는 뜻. 난쟁이 안드바리는 난쟁이들 중에서도 가장 많은 보물을 지닌 존재. 반지의 원래 주인으로, 그가 반지에 저주를 걸었다.

알베리히Alberich: 신화의 난쟁이 안드바리가 바그너에서 알베리히로 바뀌었다. 그에게는 솜씨 좋은 대장장이 미메라는 동생이 있다. 바그너에서 알베리히는 사랑을 포기하고 절대 반지를 만든다. 그런 다음 보탄에게 반지를 뺏기고, 그것을 되찾으려고 절치부심 노력한다. 반지를 되찾기 위해 황금으로 인간여인을 유혹하여 아들 하겐을 얻는다. 하겐이 지그프리트를 죽인다. 바그너에서 하겐은 군터와 구트루네와는 배다른 형제. 자주 신들을 뜻하는 "빛의 알프"와 대비하여 "검은 알프"라고 불린다.

알프Alf: 히얄프레크 왕의 아들로, 지구르트를 임신한 효르디스를 전쟁터에서 구출하여 나중에 그녀와 결혼한다. 효르디스는 지그문트의 아내였다가 알프와 재혼하고, 지그문트의 유복자인 지구르트를 히알프레크 왕의 궁전에 남겨둔 채 새 남편과 함께 다른 곳으로 가서 살게 된다.

앙그르보다Angrboda: "두려움을 부르는 여인." 거인여인으로, 로키가 상종하여 라그나뢰크에 맹활약을 펼치는 괴물 자식 셋을 얻는다. 늑대 펜리르, 미트가르트 뱀 요르문간드르, 얼굴의 반은 검고 반은 하얀 명부의 여신 헬의 어머니.

에기르Aegir, Ägir: 바다거인. 그의 아내가 란.

에르다Erda: 바그너에 등장하는 발라 여신. "Erde"라는 말을 연상시키며, 노른들과 발퀴레의 어머니.

에일리미Eylimi: 지구르트의 어머니 효르디스의 아버지.

오딘Odin: 북유럽 신화의 최고신. 전쟁과 지혜의 신. 독일에서는 "보탄", 영어로는 보단Wodan. 영어의 수요일Wednesday은 "보단의 날Wodas's Day"이라는 말에서 온 것.

오트르Otr, **수달**: 농부 흐라이트마르의 아들. 수달의 모습으로 등장.

요르문간드르Jormungandr, **미트가르트 뱀**: 로키와 앙그르보다 사이에 태어난 둘째 자식으로 거대한 미트가르트[중간계]를 둘러싸고 입으로 제 꼬리를 물고 있는 거대한 뱀. 라그나뢰크에서 토르의 상대역으로 서로 죽이고 죽는다. 그들은 라그나뢰크의 시간이 되기 전에 이미 여러 번이나 만난다.

이그드라실Yggdrasi: 세계들의 나무 또는 우주나무. "이그"는 "무시무시한 자"라는 뜻으로 오딘을 가리킨다. "드라실"은 말(馬)을 뜻하므로 합치면 "오딘의 말"이라는 뜻. 오딘이 한번 창으로 제 옆구리를 찌른 채 이 나무에 매달려 아흐레 동안 죽은 듯 걸쳐져 있다가 되살아나면서 이런 이름을 얻었다.

이미르Ymir(태초거인)**와 아우둠라**Audhumla(태초암소): 거대한 아가리(기눙아가프)에 생겨난 얼음판에서 저절로 생겨난 거인과 암소. 모든 생명체의 시작이며, 이들에게서 거인들과 신들이 생겨난다.

| ㅈ |

주르트르Surtr("시커먼 자"): 불의 거인이며 신들의 적. 모든 것을 삼키는 불을 의인화한 것으로, 불의 나라 무스펠의 아들 중 한 명.

지구르트, 시구르드 Sigurd: 북유럽 신화 최고의 영웅. 보물 칼을 가지고 용을 죽이고 용이 지키던 보물을 얻는다. 그런 다음 깊은 잠에 빠진 브륀힐데를 깨우고 인연을 맺지만, 마법의 망각 약을 마시고 브륀힐데를 잊어버리고 구드룬과 결혼한다. 비극적인 죽음을 맞이한다. 바그너에서 "지그프리트."

지그니Signy, **시그니, 지글린데**Siegline: 또는 시그니. 뵐중의 첫째 자식으로 지그문트와 쌍둥이.

지그문트, 시그문드 Sigmund: 지그니와 쌍둥이 오누이다. 뵐중의 아들로서 오딘의 칼을 선물받지만, 그로 인해 수많은 고초를 겪는다. 괴물 늑대를 죽이고 아버지의 원수를 갚은 다음 고향으로 돌아온다. 북유럽 신화의 영웅전설에 등장하는 진표틀리, 헬기, 지구르트가 모두 그의 아들이다.

지그프리트Siegfried: 시그루드의 독일식 이름. 이 전설은 독일에서 출발해서 북유럽으로 전파된 것이므로, 이쪽이 더 오리지널 이름이다.

지긴Sigyn: 로키의 아내. 라그나뢰크 직전에 로키가 바위에 묶여 형벌을 받는 장면에 주로 등장한다. 남편의 이마에 떨어지는 독사의 독방울을 그릇에 받아낸다.

지크가이르, 시그게이르 Siggeir: 고트 족의 왕. 지그니와 혼인할 때 지그문트가 오딘에게서 받은 칼을 탐내어 엄청난 음모를 꾸미면서 뵐중 가문의 비극을 만들어 내는 인물.

진표틀리, 신표틀리 Sinfjötli: 쌍둥이 오누이 지그문트와 지그니 사이에 태어난 아들. 어릴 적부터 매우 용감했지만, 뒷날 의붓어미 보르길드 손에서 독이 든 술을 받아 마시고 죽는다. 오딘 신이 직접 뱃사공으로 변신하고 나타나 죽은 진표틀리의 시신을 배에 싣고 발할로 데려간다.

| ㅌ |

토르Thor: 북유럽 신화의 천둥신. 유명한 망치 묠니르를 들고 다니며 거인들을 때려죽인다. 농업과 어업을 관장한다. 반지 이야기에서는 역할이 거의 없다. 바그너 〈라인의 황금〉에서 돈너Donner 신. "돈너"란 천둥이라는 뜻.

| ㅍ |

파프너Fafner, **파프니르**Fafnir: 농부 흐라이트마르의 아들. 처음에 거인의 모습이다가 용으로 변신한다.

펜리르Fenrir: 로키가 거인여인 앙그르보다와의 사이에 얻은 아들. 괴물 늑대. 라그나뢰크의 시간에 오딘을 죽인다.

프라야, 프레이야 Freiya: 사랑의 여신. 프라이르와 쌍둥이 오누이로 알려져 있지만 이 여신에 대해서는 수많은 비밀이 더 있다. 황금 열망 굴바이크가 프라야의 다른 이름이라는 설도 있고, 사랑의 여신이면서 자신은 남편 또는 애인을 잃어버리고 그를 찾아 아홉세계를 떠돌았다는 설도 있다. 북유럽 신화 세계에서 가장 강력한 여신으로, 오딘을 능가하는 마법의 능력과 그 밖에도 다른 온갖 권능을 지녔다.

오늘날 페미니즘 시대에 엄청난 인기를 누리는 여신. 그녀의 궁전 이름은 폴크방Folkwang인데, 독일에는 폴크방이라는 이름의 대학도 있다. 일설에 의하면 그녀가 잃어버린 남편은 쌍둥이 오빠 프라이르라고 한다.

프라이르, 프레이르 Freyr: 아스가르드의 평화의 신. 원래 바네 출신. 바네 신들 사이에서 최고신이었으나, 아스가르드로 넘어온 뒤 역할이 강력하게 줄었다. 바그너의 〈라인의 황금〉에서 돈녀와 함께 무지개 다리를 만든다.

프리크Frigg, **프리카**Fricka: 오딘의 아내. 결혼을 수호하는 여신.

| ㅎ |

하겐Hagen: 하겐은 원래 중세 도이치 서사시 〈니벨룽엔의 노래〉에서 지그프리트를 죽이는 인물이다. 바그너도 이를 받아들였다. 다만 그의 출신을 완전히 바꾸어서 하겐은 군터와 구트루네의 배다른 형제로서, 알베리히와 그림힐드 사이에 태어난 아들이다. 오페라 〈신들의 황혼〉에서 원래 아버지 알베리히의 것이던 반지를 되찾기 위해 온갖 음모를 다 꾸미는 인물로, 때가 되자 지그프리트를 죽인다. 하지만 반지를 되찾지 못하고 자기 자신도 죽음에 이른다.

하임달, 헤임달 Heimdall: 아스가르드의 파수꾼 신. 오딘과 아홉파도 사이에 태어난 아들. 뿔나팔 기얄라르를 불어서 라그나뢰크의 시작을 알린다. 라그나뢰크에서 로키와 맞붙어 서로 죽이고 죽는다.

헤이미르Heimir: 브륀힐데의 양부의 아들.

헬Hel: 로키와 앙그르보다 사이에 태어난 셋째로 소녀. 얼굴 반쪽은 하얗고 다른 반쪽은 검다. 신들은 그녀를 명부의 여신으로 만들어 주었으나, 라그나뢰크의 시간에 죽은 혼들을 거느리고 거인들 편에서 싸운다.

회그니 Hoegni, Högni: 기우키 왕의 둘째 아들. 형인 군나르를 돕는다. 바그너의 하겐.

회니르 Hoenir: 다른 이름 빌리 Vili. 오딘, 로두르와 함께 최초의 인간 아스크르와 엠블라를 만들었다.

효르디스 Hjördis: 지구르트의 어머니. 유복자인 아들을 낳고 곧바로 히얄프레크 왕의 아들 알프와 결혼하여 지구르트의 곁을 떠난다. 그녀는 지그문트가 남긴 부러진 오딘의 칼 동강을 지니고 있다가 아들에게 넘겨준다.

훈딩 Hunding: 지그문트를 죽인 링비 Lingvi 왕의 아버지.

흐라이트마르 Hreidmarr: 신들이 여행 중에 만나는 농부. 세 아들 오트르, 파프니르, 레긴을 두었다.

흐로티 Hroti: 농부 흐라이트마르가 가졌던 칼

흘림달레 Hlimdale: 브륀힐데의 양부(養父)

히얄프레크 Hjalprek: 지구르트는 히얄프레크 왕의 궁에서 어린 시절을 보낸다. 히얄프레크 왕궁의 대장장이 이름이 레긴이고, 지구르트는 레긴의 대장간에서 많은 시간을 보냈다.

문헌

_{◇◇◇◇◇◇}

1. 1차 문헌

- *Die Edda. Götterlieder, Heldenlieder und Spruchweisheiten der Germa-
  nen. Übersetzt von Karl Simrock(1851). Vollständig bearbeitet und mit
  einem Nachwort versehen von Dr. Manfred Stange, Wiesbaden(MarixVer-
  lag) 2004*

- *Die Götterlieder der Älteren Edda, übersetzt, kommentiert und heraus-
  gegeben von Arnulf Krause, Stuttgart(Philipp Reclam jun.) 2006*

- *Die Heldenlieder der Älteren Edda, übersetzt, kommentiert und heraus-
  gegeben von Arnulf Krause, Stuttgart(Philipp Reclam jun.) 2001*

- *Die Edda des Snorri Sturluson, ausgewählt, übersetzt und kommentiert
  von Arnulf Krause, Stuttgart(Philipp Reclam jun.) 2004*

- *Snorri Sturluson, The Prose Edda, translated with an introduction and
  notes by Jesse L. Byock, London(Penguin Books) 2005*

- *Volsunga saga. The saga of the Volsungs, with an English Translation, Introduction and Notes by Kaaren Grimstad, Saarbrücken(AQ-Verlag) 2000*

- *Brüder Grimm, Kinder- und Hausmärchen, 3 Bde. Stuttgart(Philipp Reclam jun.) 1980, 2001*

- 《니벨룽겐의 노래Das Niebelungenlied》 (상, 하): 허창운 편역, 서울(서울대학교 출판부) 1996

- Richard Wagner: 〈니벨룽의 반지Der Ring des Niebelungen〉 - 《라인의 황금Das Rheingold》《발퀴레Walküre》《지크프리트Siegfried》《신들의 황혼Götterdämmerung》 (전 4권): 안인희 번역, 독-한 대역본. 서울(풍월당) 2018

- 안인희:《북유럽 신화》(1~3권) 서울(웅진씽크빅) 2007, 2011

2. 참고문헌

- *Rudolf Simek, Lexikon der germanischen Mythologie, Stuttgart (Alfred Kröner Verlag) 2006*

- *James Graham-Campbell, The Viking World. Foreword by Sir David M. Wilson, London (Francis Lincoln Publishers) 2001*

- *Thomas Mann, Wagner und unsere Zeit. Aufsätze, Betrachtungen, Briefe. Herausgegeben von Erika Mann. Frankfurt a.M.(S. Fischer) 1963*

- *Johann Wolfgang Goethe, Faust. Der Tragödie erster und zweiter Teil. München (DTV Gesamtausgabe) 1962*

- *Laotse, Das Buch vom Sinn und Leben(Tao Te-King), Aus dem Chinisischen übersetzt von Richard Wilhelm, Wiesbaden (MarixVerlag) 2004*

- *Snorri Sturluson, Edda, Translation by Jean I. Young PhD, First published in 1954. Concept, Design & Editing: Bjorn Jonasson, Editorial Work, Picture Research, Lay-Out, Proof-reading & Cover design: Bjorn Jonasson etc. Iceland(Gudrun Publishing) 2003*

- *Lord Raglan, The Hero. A Study in Tradition, Myth and Drama. New York(Vingage Books) 1956*

- *Joseph Campbell,*《천의 얼굴을 가진 영웅 The Hero with a thousand Faces》이윤기 옮김. 서울(평단문화사) 1985

- 강은교: 〈풀잎〉 서울(민음사) 1974

한 권으로 읽는

북유럽
Norse Mythology
신화
반지 이야기

1판 1쇄 인쇄 2020년 08월 14일
1판 1쇄 발행 2020년 08월 21일

지은이 안인희 **그림** 신균이

발행인 양원석 **편집장** 최두은
디자인 강소정, 김미선 **영업마케팅** 양정길, 강효경

펴낸 곳 ㈜알에이치코리아
주소 서울시 금천구 가산디지털2로 53, 20층 (가산동, 한라시그마밸리)
편집문의 02-6443-8844 **도서문의** 02-6443-8800
홈페이지 http://rhk.co.kr
등록 2004년 1월 15일 제2-3726호

ISBN 978-89-255-9017-2 (03210)